Structural Reform on the Supply-Side of China's Grain Industry

中国粮食供给侧结构性改革研究

邓国清／著

中国财经出版传媒集团
经济科学出版社
Economic Science Press

图书在版编目（CIP）数据

中国粮食供给侧结构性改革研究/邓国清著. —北京：经济科学出版社，2020. 1
ISBN 978 -7 -5218 -1251 -0

Ⅰ. ①中… Ⅱ. ①邓… Ⅲ. ①粮食问题 - 研究 - 中国 Ⅳ. ①F326. 11

中国版本图书馆 CIP 数据核字（2020）第 021640 号

责任编辑：杨 洋
责任校对：齐 杰
责任印制：邱 天

中国粮食供给侧结构性改革研究
邓国清 著
经济科学出版社出版、发行 新华书店经销
社址：北京市海淀区阜成路甲 28 号 邮编：100142
总编部电话：010 -88191217 发行部电话：010 -88191522
网址：www. esp. com. cn
电子邮箱：esp@ esp. com. cn
天猫网店：经济科学出版社旗舰店
网址：http：//jjkxcbs. tmall. com
固安华明印业有限公司印装
710 ×1000 16 开 11 印张 200000 字
2020 年 5 月第 1 版 2020 年 5 月第 1 次印刷
ISBN 978 -7 -5218 -1251 -0 定价：48. 00 元
（图书出现印装问题，本社负责调换。电话：010 -88191510）

重庆理工大学科研启动基金项目：粮食供给侧结构性改革的产业协同发展模式研究（2019ZD57）

前　言

作为一个人口大国，中国历来重视粮食问题。自 2004 年国家放开粮食收购市场以来，在国家取消农业税和推出粮食最低保护价等政策支持下，中国粮食获得连续丰收，产量突破万亿斤，从产量上基本实现了粮食自给自足。然而，由于存在人均耕地少、山地多、耕地细碎化等自然条件的约束，中国的粮食生产存在规模化不足的问题。为了提高产量，一方面，中国的粮食生产形成了依靠大量使用人力、化肥、农药提高粮食单产的现象，在提升产量的同时不断推高粮食生产成本，影响种粮收益和粮食品质。在国际粮价走低的情况下，农民种粮利润空间更加狭窄。另一方面，随着中国改革开放政策和社会主义市场经济建设不断取得新的成功，国内消费者对粮食品质的要求不断提高。中国粮食呈现出高产量、高库存、高进口的结构性失衡问题，改革势在必行。

舒尔茨（Shultz）认为，如果不能取得技术进步，传统农业将因为收入流价格过高，即生产成本太高而无法扩大生产，企业家能力没有用武之地，产业将失去竞争力。要降低收入流价格，需要引入技术进步因素，包括进行农业科研和对农民进行投资。速水佑次郎指出，工业化初期，为了在压低工业产品价格的同时保障工人购买食物的能力，存在着人为压低粮食价格的现象，农民收益因此受到抑制，这可以被称为粮食产业发展中的贫困问题阶段。随着工业化的发展，农业在国民经济中的比重将不断缩小，农业比较收益将持续降低，农民将陷入相对贫困；要提高农民收益，需要将粮食经营模式从重视土地生产率转向重视劳动生产率以提高农民劳均产出。根据以上理论，如果不通过产业调整政策进行支持，生产能力比较高的农民将逐渐离开农业而只有生产能力比较低的农民继续留在农业中，农业产业安全和国家粮食安全将受到威胁。出于对粮食安全的考虑和对农民在工业化早期所做出牺牲的补偿，速水佑次郎认为，政府应该推出农业支持政策，以保障农民的经济安全、粮食产业安全和国家粮食安全。

根据舒尔茨的理论，中国粮食供给侧的问题在于粮食生产成本过高，导致农业收入流的价格太高，农业无法依靠自身进行扩大再生产，比如扩大经营规模和发展粮食产业化。解决的方法在于提高政府对于农业科研和农业人力资本的投入力度。根据速水佑次郎的理论，由于工业化初期人为压低粮食价格造成了农民贫困问题，应该在工业化实现之后通过产业调整政策对农业进行支持，使农民也能享受到经济发展的成果。国家应该实施产业调整的政策，从科研、基础设施、农业技术推广、转移支付、政策导向等方面扶持农业，保障粮食安全。

面对中国经济进入新的发展阶段，习近平总书记在2015年中央财经领导小组第十一次会议上提出供给侧结构性改革，并在2016年的中央财经领导小组第十二次会议上进行广泛讨论。2017年10月18日，习近平总书记在党的十九大报告中指出，要深入推进供给侧结构性改革。供给侧结构性改革的主要任务是通过去产能、去库存、去杠杆、降成本、补短板，提升经济发展质量，更好地解决人民日益增长的美好生活需要和不平衡不充分发展之间的矛盾。粮食供给侧结构性改革的主要任务则是通过调结构、降成本、补短板，提升中国粮食供给的质量。

为了更好地识别中国粮食供给侧的发展质量，本书分别对中国粮食产能国际竞争力、中国粮食国际市场竞争力和中国粮食产量的影响因素进行了实证分析。通过对粮食产能的国际对比分析发现，中国粮食生产的化肥使用量远高于国际水平、劳均产出远低于国际水平、仅在单产一项上有一定优势，这与我国粮食小规模经营、重视产量的生产方式相一致。对粮食国际市场竞争力的实证分析发现，中国粮食各品种在国际市场占有率、贸易竞争力指数和显示性竞争优势上的排名都靠后，说明我国粮食在质量和价格上都没有竞争优势。关于粮食产量影响因素的实证分析发现，整体上，农业固定资本投资额和劳动力因素对1978～2016年中国粮食产量的影响最显著，粮食最低收购价对粮食产量增速的影响最不显著，技术因素的影响在某些模型中比较显著。实证分析启示，中国可通过加大农业固定资本投入、改善劳动力质量、运用技术进步、减少价格干预的方式来改善粮食产能、提升粮食质量和竞争力。

本书选取成功实施了粮食供给侧结构性改革的粮食主产区四川省崇州市进行案例分析。崇州市在面临农业比较收益低造成的“无人种地”的粮食生产困局时，通过承包经营权入股的方式成立农业合作社，再由合作社聘请农业职业经理人负责粮食生产，实现了粮食生产的规模化和专业化。为了提升粮食产业社会化服务水平，该市成立了覆盖产前、产中、产后的“一站式”服务超市，提供良种和农资销售、农机租赁、粮食烘焙、粮食银行等服务。通过改革，崇州市成功解决了“谁来种粮”“谁来服务”的问题，提升了种粮收益。崇州市的粮食供给侧结构性改革模式可以总结为农业共营制。该模式的经验在于，通过土地确权保障了农民的收益权，通过土地入股实现了规模经营，通过规模经营又为农业社会服务组织创造了市场。崇州市创造性的“粮食经理人”制度则充分利用了种粮能手的人力资本，为新型职业农民的发展提供了借鉴。

西方一些主要的粮食生产强国在其农业现代化过程中形成了各具特色的经验。美国注重运用市场的力量来制定粮食产业支持政策，包括建立全面市场化的农业信贷体系、农作物保险制度、多层次的粮食储备体系和发达、规范的农产品期货市场。德国使用多种手段进行职业农民教育，包括制定完善的职业教育体系、健全的法律保障体系，并给予充足的经费支持。法国拥有发达的农业社会化服务体系，其经验主要在于：推进农业企业化发展并加强品牌建设、注重发挥政府和农民专业合作社的服务职能、强调行业协会的调节和管理作用。以色列在发展集约型科技农业方面取得了巨大成功，原因主要在其政府主导的农业科研体系和农机推广体系，以及重视利用生物技术进行保护性耕作。澳大利亚完善的农业标准体系和信息化在农业中的有效利用帮助其出口导向型的农业生产取得了成功。日本政府根据不同发展阶段的需求差异及时推出各种适时的农业产业政策，保障了该国在自然资源禀赋不具有优势的情况下完成了农业生产的现代化，并基本实现了关键口粮的自给。

本书认为，中国粮食供给侧结构性改革的核心在于将粮食发展方式从数量增长型转为质量增长型。政府应结合乡村振兴战略，通过产业调整政策，来保障粮食高质量发展的供给侧结构性改革目标的顺利实现。本文从五个方面提出了中国粮食供给侧结构性改革的对策：一是中国粮食生产要素改革对策，即建立发达有序的农地流转市场、培训新型职业农民、完善农民融资方式；二是中国粮食经营模式改革对策，即培育多元粮食经营主体、大力发展粮食规模化经营、充分发挥农业专业合作社的职能；三是中国粮食社会化服务改革对策，即通过发展农业保险和期货市场完善农业风险分担机制、改革农业技术推广制度、培育发达农机租赁市场；四是中国粮食流通体制改革对策，即改善粮食价格生成方式、建立多层次的粮食流通体系；五是中国粮食支持政策改革对策，即加大农业科研力度、加强农业基础设施建设、建立完整的农民职业教育体系、优化农业补贴机制、建立健全粮食供给侧法律体系。

目　录

第 1 章

绪　论

农业的发展，尤其是粮食产业的发展，是国民经济发展的条件（速水佑次郎等，2003；D. 盖尔·约翰逊，2004；舒尔茨，2014；埃斯特·博塞拉普，2015）。随着国民经济的发展，一方面，农业在经济总量中的比例会逐渐缩小，农民的收入会相对下降（速水佑次郎，神门善久，2003；D. 盖尔·约翰逊，2004），若不进行恰当的干预，则会影响经济持续稳定发展的基础。另一方面，农业和粮食产业具有保护、美化生态环境、保障国家粮食安全的社会效益，体现出正外部性的特点。经过 40 多年的改革开放，中国经济发展取得了辉煌的成就，粮食产业却出现了高成本、高产量、高库存和高进口等发展质量问题，粮食产业间竞争力和粮食产业国际竞争力较低。习近平总书记在党的十九大报告中指出，我国社会主要矛盾已经转化为人民日益增长的美好生活需要和不平衡不充分的发展之间的矛盾。习近平总书记还说，中国人要把饭碗端在自己手里，而且要装自己的粮食。从满足人民对更高品质粮食需求的角度和粮食产业自身发展需要的角度出发，开展中国粮食供给侧结构性改革，提高中国粮食产业发展质量，已经势在必行。

1.1　选题的背景及意义

1.1.1　研究背景

美国学者莱斯特·布朗（Lester R. Brown）在 1994 年作了题为《谁来养活中国》的报告，对由于水资源短缺、农田减少、环境恶化及人口增长等因素造成的中国粮食生产压力表示担忧。[①] 20 多年过去了，伴随土地制度改革、

① 莱斯特·布朗、王文彬：《谁来养活中国》，载于《农经》1995 年第 6 期，第 7 ~8 页。

农业科技的进步和生产方式的改良，中国基本实现了粮食自给。2004～2015年，中国粮食产量连续12年增产、农民收入增长速度连续12年高于城镇职工工资增长速度，粮食生产效率极大提升，粮食生产能力达到1.2万亿斤，农业现代化稳步推进。由于结构调整，2016年中国粮食产量较上一年略有回落，2017年产量继续保持增长。粮食的连年丰收成功解决了全国人民的吃饭问题，为改革开放和工业化进程提供了重要的物质保障。

然而近年来，伴随着粮食产量的增加，却出现了粮食库存积压、粮食收购价低于成本价、粮食品质下降及进口冲击等问题。城镇化的推进进一步挤压耕地面积，环境因素尤其是水资源的紧张与恶化给粮食产量持续增长带来压力。种粮收益低、风险高、周期长的特点，使得农民种粮意愿大幅下降，弃耕抛荒现象频频出现。由于农业技术发展相对缓慢以及生产过程监管不到位，粮食生产过程中的不良生产行为，如化肥滥用，对农业生产造成伤害，影响农业可持续发展。与供给侧这些特点相对应的是，改革开放带来的收入增加，使得粮食需求结构发生变化。消费者的食物需求从吃得饱，变成了吃得好、吃得放心，从而导致了粮食供给结构难以与当前社会现状相适应，使得粮食进口量随着时间的推移不断提高。

因劳动力成本、土地成本等持续攀升、粮食生产中化肥的施用量远高于其他粮食生产国等原因，导致中国粮食市场价格要普遍高于国际市场平均水平，从而使得中国粮食在国际市场中的竞争力受到了大幅度削弱，农业生产活动也受到了一定的制约和限制，并对以往的农业生产模式造成了强烈的冲击。据相关统计表明，2014～2016年，我国稻谷、小麦和玉米的生产成本均有着大幅度提高。具体来讲，这三种粮食①的亩均成本由以往的395元增长到1 093元，其增长幅度达到了176.7%，另外其亩均物质与服务费用、亩均人工成本，以及亩均土地成本的增长幅度也分别达到了112.4%、216.6%和302.7%②。基于此，为了缓解当期粮食市场的严峻形势，政府相继出台了托底收购（2004年开始）和临时储备收购（2008年开始）等政策和措施以缓解当期粮食市场面临的压

① 本书中三种粮食均指三大主粮，即稻谷、小麦和玉米。水稻为农户种植的植物，结出的果实称为稻谷。我国相关部门在统计我国三种粮食平均成本和收益情况以及制定国家粮食收购政策时，一般使用的是稻谷的概念。稻谷经脱粒、碾磨后形成的产品称为大米。国际贸易中的交易对象主要为大米，本书第4章中进行粮食生产国际比较时使用的也是大米的概念。故水稻、稻谷、大米的概念在本书中根据上下文所指称的具体对象，均有使用。

② 任泽平：《推进农业供给侧结构性改革关注六大主题》，新浪财经，http：//finance. sina. com. cn/stock/t/2017－02－06/doc-ifyafenm2835703. shtml，2017年；国家粮食局：《中国粮食发展报告》，中国社会出版社2017年版，第15～17页。

力。另外，由于国际粮价的变化趋势以及人民币汇率等因素的影响，使得中国粮食价格持续走高。据统计，2016 年 11 月国内小麦价格较国际市场价格高出 43%；2015 年 1 月至 2016 年 6 月国内大豆价格较国际市场价格高出 31.1%①。

从 2004 年减免农业税以来，中国粮食产量从 2003 年的 43 070 万吨持续增长，2017 年的产量为 61 791 万吨②，连续 5 年超过 6 万吨。值得注意的是，中国粮食进口从 2 283 万吨增长到 12 477 万吨，涨幅为 446.5%③。大豆供给率严重下降，2011 年以来，中国大豆进口依存率达 80% 以上。

在重视土地生产率和总产量的思维下，中国粮食生产过程中呈现出劳动密集和化肥农药过量使用的情况，既造成中国粮食生产成本的居高不下，又影响粮食品质。随着消费者对粮食品质的需求不断提高，以及进口粮食的冲击，中国部分农产品呈现出供需不匹配等结构性问题。典型的表现是玉米和大豆。玉米产量在 2012 ~ 2016 年连续上升造成供过于求，东北玉米销售困难。大豆产业由于国内生产成本高和国外转基因技术的广泛应用，每年进口量达 8 000 万吨左右，占国内大豆市场需求量的近 90%。中华人民共和国第十三届全国人民代表大会农业与农村委员会主任委员、中央农村工作领导小组原副组长陈锡文表示④，在整个 2016 年，全国范围的大豆亩产仅为 250 斤，远低于国际平均水平。东北地区大豆价格水平为每斤 2.4 元，种 1 亩大豆可卖出 600 元左右。玉米的每亩产量可达 1 200 斤，收购价格为每斤 1 元。种大豆每亩的收入仅为种玉米的一半，不难理解为什么农民纷纷抛弃大豆种玉米了。这符合舒尔茨所说的“农民贫穷而有效”的理论⑤。国家的大豆产业安全因此受到了严重威胁。中美贸易摩擦不断升级，严重依赖美国进口的国内大豆相关产业必然受到巨大影响。

由于农业的弱质性和粮食安全的公共属性，政府既需要对农民种粮进行补贴，保障农民收益和种粮积极性，又需要花费大量财政支出在粮食储备上。有关资料显示，截至 2016 年，我国三种粮食库存总量合计达到 45 654 万吨，

---

① 任泽平：《推进农业供给侧结构性改革关注六大主题》，新浪财经，http://finance.sina.com.cn/stock/t/2017-02-06/doc-ifyafenm2835703.shtml，2017 年；国家粮食局：《中国粮食发展报告》，中国社会出版社 2017 年版，第 15 ~ 17 页。

② 国家统计局网站，http://data.stats.gov.cn/search.htm?s=%E7%B2%AE%E9%A3%9F。

③ 根据国家统计局网站年度数据农业指标中的主要农作物产品产量数据和对外经济贸易指标中的主要货物进口数量数据计算整理而得，http://data.stats.gov.cn/easyquery.htm?cn=C01。

④ 陈锡文：《中国农业供给侧最突出的问题是什么?》，湖南三农网，http://www.hnagri.gov.cn/web/hnagrizw/snzx/zjgd/content_216774.html。

⑤ 舒尔茨著，梁小民译：《改造传统农业》，商务印书馆 1999 年版，第 33 页。

可满足国内19个月的粮食需求。其中稻谷库存为12 500万吨，可满足9个月的消费需求，年末库存消费比为76%；小麦库存为5 651万吨，可满足6个月的消费需求，年末库存消费比为51%；玉米库存为27 503万吨，可满足19个月的消费需求，年末库存消费比为159%。另外据相关统计与分析表明，假如玉米库存成本按照252元/吨计算，其涉及的整体成本就会超过693亿元①。

由于地少人多的国情、技术发展水平相对落后等原因，与西方国家相比，我国粮食生产模式仍然存在诸多方面的弊端与缺陷，在生产过程中对以化肥、农药和大水漫灌来提高产量的方式依赖程度较高，不仅导致生产成本高、效率低，还造成污染问题严重和粮食质量不高。农业面临的污染主要源自化肥农药、禽类粪便、农膜和秸秆等。从总量上看，2016年，中国农业化肥使用量为5 984万吨，农药使用量为178万吨。从单位面积化肥使用量看，我国为约557千克/公顷，美国为140千克/公顷、日本为253千克/公顷、韩国为361千克/公顷、越南为441千克/公顷。从三大粮食作物对化肥和农药的使用率来看，中国分别为35.2%和36.6%，而西方发达国家大约维持在50%～60%，即西方国家化肥、农药的使用效率比我国高约15%～25%。②

此外，随着工业化和城镇化的不断发展，耕地数量遭到压缩，质量也遭到破坏。工业“三废”和城市生活垃圾不断向农村地区蔓延，农业污染问题日益严重。北方一些地区存在地下水超采、耕地质量退化；南方地区则存在地表水富营养化、水质问题加重的问题。在农业生产面临环境资源约束的条件下，传统依靠大量物质投入和资源消耗等手段的粮食生产方式将不可持续。

由于要素的原因，农业生产成本下不去；由于国际粮食价格的冲击，国内粮食价格上不来。在所谓成本“地板”和价格“天花板”双重作用下，农民种粮利润空间狭窄，农民增收压力越发加大。在发展动能转换、经济增长失速的背景下，农业劳动力向非农领域转移速度放缓，农村家庭收入增速降低，城乡收入差距仍维持较大差距。这一差距随着城市房地产价格的不断上升将继续拉大。

基于以上分析可以看出，中国粮食产业呈现出高产量、高库存、高进口的独特现象，既造成政府粮食财政负担沉重，又存在粮食安全的结构隐患。

---

① 任泽平：《推进农业供给侧结构性改革关注六大主题》，新浪财经，http：//finance.sina.com.cn/stock/t/2017-02-06/doc-ifyafenm2835703.shtml；国家粮食局：《中国粮食发展报告》，中国社会出版社2017年版，第15～17页。

② 吴向辉、何难：《农业部首次公布化肥、农药利用率数据》，载于《农化市场十日讯》2016年第3期，第7页。

在经济增长放缓的背景下为了保障国家粮食安全和农民种粮收益，减轻粮食相关财政负担，调整粮食支持政策，使粮食产业不再追求绝对数量的增长，转而强调动态平衡和重视质量发展，势在必行。

《全国种植业结构调整规划（2016—2020年）》指出，由于市场经济的深入发展使得人们的生活质量和消费水平有了显著的增长。基于此，消费者对粮食需求的侧重点也不仅仅局限于满足温饱，随着时间的推移越来越重视食物的质量和价值。农业的供给面临从数量到质量的转变。中国共产党第十九次全国代表大会报告同时指出："我国社会主要矛盾已经转化为人民日益增长的美好生活需要和不平衡不充分的发展之间的矛盾……发展质量和效益还不高，创新能力不够强。"这在我国粮食产业得到了充分的体现。党的十九大报告还指出，"要确保国家粮食安全，把中国人的饭碗牢牢端在自己手中；实施食品安全战略，让人民吃得放心"。党的十九大报告要求，"要坚持农业农村优先发展……巩固和完善农村基本经营制度，深入农村土地制度改革工作……培育新型农业经营主体，健全农业社会化服务体系，实现小农户与现代农业发展有机衔接联系，从而促进农村一二三产业融合发展；培养造就一支懂农业、爱农村、爱农民的'三农'工作队伍"。

开展粮食供给侧结构性改革，提高粮食产业发展的质量和效益，是保障国家粮食安全，解决"三农"问题，实现乡村振兴的重要内容和必然要求。

1.1.2 研究意义

日本经济学家速水佑次郎（YahamiYujiro，2003）把由于人口增长带来的食物供给不足现象称为第一阶段，即粮食问题；把工业化初期为了发展工业而压低粮食价格保证工人食物购买能力的现象称为第二阶段，即贫困问题；把工业化后期农业相对工业收入偏低的现象称为第三阶段，即产业调整问题。并指出第二第三阶段的问题可能并存①。作为世界上人口最多、人均资源紧张的发展中国家，中国在经济发展各阶段，如何从供给侧解决全国人民的粮食安全问题、农业人口贫困问题、农业从业人员的相对收入问题，有重大的理论和现实意义。

全球化时代粮食安全具有新的内涵。一些国家不再一味追求高的粮食自

① 速水佑次郎、神门善久著，沈金虎等译：《农业经济论》，中国农业出版社2003年版，第17页。

给率，转而通过贸易获得粮食。同时随着经济的发展，农业尤其是粮食产业在经济中的比重和比较效益必然逐步降低，粮食产业的发展越来越依赖政府支持。如何定义粮食产业的地位，如何定义粮食支持政策的性质，成为需要探讨的理论问题。

第一，全球化时代如何理解和保障粮食主权和粮食安全。贸易的全球化导致粮食资源的全球配置。完全的保护主义措施政治上不可行，经济上也面临巨大的财政压力。如何定位和保障粮食安全；工业化时代后期农业支持政策的经济效益和社会效益，都需要重新探讨。

第二，如何理解中国粮食供给侧结构性改革与中国供给侧结构性改革的理论关系。西方的供给学派认为需求会自动适应供给的变化，这与中国倡导的供给侧结构性改革存在差异。粮食供给侧结构性改革与农业供给侧结构性改革，以及中国整个供给侧结构性改革的关系，目前尚无完整深入的研究。

中国粮食生产在连年增产的背后，面临着降成本、去库存、调结构等问题。具体来说，粮食供给侧结构性改革具备以下现实意义：一是在生产要素层面，探索有利于粮食生产的农地利用方式，寻找提升农业从业人员素质和资本利用效率的方式。二是在粮食流通体制层面，探索建立以市场机制为主、国家适时有效干预的价格生成机制。三是在产业调整和农村发展层面，探索振兴乡村的有效途径，缩小城乡生活和收入水平差距，保障农民利益，预防和消除由于城乡产业间收益差距导致的社会不安定因素，实现粮食产业可持续发展和农村社会和谐，保障国家的粮食安全并增强粮食产业的竞争力。

1.2 国内外相关研究现状综述

1.2.1 国外相关研究现状综述

法国经济学家萨伊在1803年出版的《政治经济学概论》一书中指出，“每当产物进行生产时，就已经开始为与它价值相一致的产品拓宽了销售渠道”,[①] 也就是说为与它价值相一致的产品创造了一定的需求，即著名的“供给自动创造需求”的理论。人们将这一规律称为“萨伊定律”。萨伊的主张强调重视供给、重视实体经济和就业均衡，主张放任自由的经济发展方式，

① 萨伊著，陈福生、陈振骅译：《政治经济学概论》，商务印书馆1992年版，第301～320页。

其主张成为放任自由经济理论和政策的思想来源。供给学派是20世纪70年代后期在美国兴起的一个经济学流派，与萨伊定律一样，供给学派认为经济增长的主导因素在供给面。供给学派认为，凯恩斯的需求管理理论很难真正提高生产率从而带动经济增长，相反，需求管理会导致经济滞胀。政府对需求的刺激反而会引发通货膨胀，并存在对私人投资的挤出效应，使企业家能力不能得到发挥，最终导致经济增长乏力，形成经济滞胀。供给学派认为，要解决经济增长乏力问题，一定要以提高劳动生产率和扩大资本规模为切入点。供给学派代表人物拉弗（Laffer）于20世纪70年代提出了著名的拉弗曲线。其基本含义是：在一定时期内，税率的提高会导致政府收入的上升；税率过高时，政府收入会由于企业活动受到抑制而降低。因此，供给学派主张通过减税来刺激经济活动、增加资本形成。供给学派还认为政府应该放弃过多的市场干预，主张放任自由的管理方式。该理论认为，人们的经济行为会受到报酬的影响，各类生产要素也会通过市场的力量得到调节，政府的角色在于消除阻碍市场的因素，让市场自由地发挥作用。尽管萨伊定律与供给学派都强调供给是经济增长的主导因素，但萨伊定律表示仅通过供给的作用就能够产生相应的需求，但需要注意的是，供给和需求必须相协调与统一；而对供给学派来讲，其主要以劳动生产率作为侧重点，认为要想实现供给的增加最关键的就是要减税。即萨伊定律强调供给要匹配需求；供给学派则更多考虑的是总供给的增加。

舒尔茨（Shultz，1999）认为，技术状况保持不变，持有和获得收入来源的动机保持不变，各种生产要素的生产效率保持不变的农业可以称之为传统农业。传统农业对于增加投资的收益率低，对储蓄和投资缺乏足够的经济刺激。舒尔茨由此提出收入流价格理论，并指出关键是要引进新的现代农业生产要素，使农业收入流价格下降，使农业成为经济增长的源泉。新的生产要素即为“技术变化”。舒尔茨论述了三个方面的问题来对传统农业进行调整与优化：一是对原有制度进行调整与优化以保证与当前现状相适应；二是以供给和需求作为切入点提高农业生产的现代化水平；三是提高对人力资本的投入力度。舒尔茨（1966）在提交给联合国开发计划署的论文中认为：农民的供给反应是具有高度弹性的；造成欠发达国家农业绩效差的罪魁祸首是缺少给农民带来报酬的经济机会；欠发达国家农产品定价过低、存在着不计成本的进口替代；科学和技术知识的价值存量以及化肥、除虫剂、农具、机械和技术人员等形式的援助会有助于农业发展；由资本支持的、以增加农业生产为目的的国家发展机会将有明显的增加；资源禀赋将不是农业生产的限制性因素。舒尔茨还认为，世界对高蛋白食用粮和饲料粮的需求将更为强烈，欠发达国家需要满足三个条件以实现这些经济可能性：一是有效率的价格制度；二是提高收入的农业投入的供给；三是这些高收益的农业投入来源的开发。舒尔茨认为，增加世界粮食供给的新投入必须来自农业以外。有组织的农业研究和好的研究单位是必须的，但它们可能不会导致农业生产的增加：国家的经济政策可能阻止其实现来自成功农业研究的生产率收益。

速水佑次郎（2003）指出，在工业化发展的初级阶段，粮食增长与收入和人口增长之间的差距过大，而粮食价格的上涨使得工业生产的成本增加，从而对国民经济水平的提高起到了一定的阻碍作用，此时目标为粮食问题优先。工业化实现之后，农业部门相对收入偏低，且公民意识觉醒，支持农业的经济条件和政治必要性增加，此时目标为农业调整问题优先。在这两个阶段之间的则是粮食问题优先和农业调整问题优先并存的中等收入阶段贫困问题，此时贫困问题优先。速水佑次郎分析了第二次世界大战后日本粮食生产情况并进行了国际比较，得出日本初期粮食增长率显著高于其他国家是由于合理的制度设计，通过“农谈会”和“种子交换会”等农民组织形式充分利用了“老农”[①] 的耕作技术，带来了高土地产出率。随着老农技术优势的丧失，日本农业的土地产出率开始下降。但由于日本农业利用了工业化和科技发展的成功，农业生产率得以继续发展。由于农业补贴政策和兼业机会的存在，日本农民人均收入一度超过产业工人。但是随着经济发展带来农业的萎缩，日本也面临农业相对收益低、农村劳动力不足的问题。通过对比美国的情况，速水佑次郎提出，日本也应提高土地装备率和劳动产出率，实现规模化和机械化。速水佑次郎认为，粮食安全完全可以通过贸易解决，不必追求高的粮食自给率。保护农业和农民的利益，是出于政治目的和社会目的。

盖尔·约翰逊（2004）通过分析中华人民共和国成立以来的粮食生产情况认为，中国粮食产业不存在生产和供应的问题，而在于如何通过调整适当的农业政策，让农民享受到经济增长的成果[②]。约翰逊认为，提高粮食价格和加强对农业生产的控制长期来看对增加农业收入没有任何好处。要提高农

① 所谓“老农”，是指那些农事经验丰富、精通传统技术的人。就社会阶层而言，他们大多是“豪农”，亦即拥有较多自耕地的地主和村庄内的领袖人物。由他们继承下来的各地的先进技术，通过“农谈会”和“种子交换会”等农民组织推广到了全国各地。详见速水佑次郎、神门善久著，沈金虎等译：《农业经济论》，中国农业出版社 2003 年版，第 106 ~ 109 页。

② 盖尔·约翰逊著，林毅夫、赵耀辉等译：《经济发展中的农业、农村、农民问题》，商务印书馆 2004 年版，第 22 ~ 44 页。

民收入，提高粮食生产的效率，需要大量转移农村劳动力。根据约翰逊的计算，中国农村劳动力应该每年减少3%，到2030年使农业劳动力降至总劳动力的10%左右。为了支持农业劳动力向非农领域转移，约翰逊认为重要的有两点：第一是在农村内部或靠近农村的小城市和城镇创造就业岗位，使转出的劳动力能够居住在农村，通过公共交通进行通勤上班；第二是要加强农村地区的教育水平，以使城乡之间教育的普及率和教育水平一致。

丹麦经济学家博塞拉普（Boserup，2015）认为，人口趋势导致了农业发展，这与马尔萨斯（Malthus，1798）认为先前存在的农业生产率的变化决定人口增长的观点相反①。她把人口增长视作农业集约化的自发因素，这将带来许多经济和社会变迁。与舒尔茨认为传统农业是一成不变而没有发展潜力的观点不同，博塞拉普认为传统农业是动态的、具有弹性的。人口增长促使人们通过更多、更辛勤的劳动来提高土地产出，促进土地集约化使用，缩短休耕期，推动技术变迁。传统农业的农民常常抵制、拒绝变革，因为农民理性地知道，放弃低劳动投入和每工时较高产出的休耕制度，而从事高劳动投入和每工时较低的劳动产出，是不划算的。换言之，博塞拉普认为，传统农业的农民懂得提高土地产出率，只是在技术条件没有巨大进步的情况下，提高土地产出率的边际成本太高②。

1.2.2　国内相关研究现状综述

姚洋（2004）分析了土地、制度与中国农业发展的关系。周其仁（2004）从产权的角度分析了中国包产到户对中国粮食产量的影响，认为合理的产权安排有助于提高农业产出。林毅夫（2014）实证分析了杂交水稻、家庭联产承包责任制和农场投资对粮食产出的影响，肯定了制度、技术对中国农业发展的作用。罗必良（2014）结合案例分析了中国的农业经营制度。这些研究都指出，土地、制度、技术对农业尤其是粮食生产具有较大影响。

乔娟（2004）从比较优势和竞争优势的角度分析了我国主要粮食的国际竞争力，认为要提高中国粮食的国际竞争力，关键是要在构建中国粮食国际竞争力研究的理论框架和经济分析的基础上，全面系统地研究中国粮食的竞

① 谢勇、徐倩：《马尔萨斯人口理论在中国》，载于《人口与社会》2003年第3期：第22～25页。

② 埃斯特·博塞拉普著，罗煜译：《农业增长的条件：人口压力下农业演变的经济系》，法律出版社2015年版，第5页。

争优势状况及其影响竞争优势的各种因素的作用情况，以便采取积极对策来提高其国际竞争力。

雷淑伶（2010）使用我国2002年、2005年、2007年1321个县（市）的数据研究发现，全国粮食生产技术效率实际表现下降；东中西部地区间、粮食主产区之间差异显著；亩均化肥施用量同效率显著负相关；各要素投入中粮食播种面积的产出弹性最大，农机总动力的投入产出弹性超过化肥施用量，继续增加化肥投入将不会引起粮食产量的增加；技术效率下降；劳动力产出弹性最低。

杨巍（2007）通过定量和定性相结合的方法，对改革开放28年以来几大主要粮食作物的技术进步模式和发展趋势进行分析认为：（1）我国粮食种植户对良种及其配套技术的需求程度较高，且对机械技术依赖程度较低；（2）农户对信息技术需求越来越强烈；（3）良种及其配套技术适合直接的推广方式，机械技术、信息技术适合相对间接的推广方式。

王淑艳（2013）从粮食的商品属性、政策属性和金融属性三个方面阐述了影响粮食价格的各因素对粮价波动的影响，并就这三个属性对应的影响因素构建模型来刻画价格与各因素的关系，以及预测未来粮食价格的运行趋势。

吴娟（2012）运用向量自回归模型（VAR）对粮食价格、产量与储备之间的动态关系进行了实证研究，结果表明，我国粮食储备运作的实际目标是稳定价格波动，而非平抑产量波动。

国内其他学者的研究还有：聂振邦（2009）回顾了中国改革开放以来30年的粮食流通体制改革。肖春阳（2009，2010，2015）探讨了国有粮食企业的改革和发展。亢霞（2014）、孙前进（2012）讨论了粮食流通体系的建设。王薇薇（2015）探讨了粮食流通主体的利益协调机制。王耀鹏（2012）讨论了粮食流通建设中的财税金融支持措施。王健（2012）分析了粮食流通改革中的期货市场。王晓华（2015）分析了粮食流通信息化与互联网的利用。杨进（2016）分析了劳动力价格上涨对中国粮食生产的影响。叙永金、许增巍（2015）探讨了粮价与中国粮食安全。王士海（2016）分析了中国目前粮食价格调控的政策体系及其效应。

1.2.3 国内外相关研究现状评论

目前国内外有关农业产业发展理论的研究可谓不少；有关中国供给侧结构性改革的研究也正在兴起。但其理论本身和对中国的适用性，都有一些不尽完善的地方。

首先，理论界提出供给学派的理论还没有建立，评价基本都是以减税政策的实施为重点。所有的批评都针对三个内容：一是减税的作用能使储蓄和投资得以有效的调动起来，同时能够将消费和娱乐进行有效的激励，然而它的现实影响是不明确的；二是在减税主张中，供给学派对税率特别关注，特别是减少边际税率方面，在具体实施过程中将税收的累进性进行了减弱，使得富人的减税效应特别明显，而对于政府开支进行减少的政策，强调将社会福利开支进行减少，使得富人更富、穷人更穷的现象得以产生；三是供给增多的观念为重点，使得总需求增长十分迅速，通货膨胀不断上升。赵磊（2016）认为：（1）萨伊定律否认普遍的“生产过剩”，其理论逻辑和历史逻辑是不能成立的；（2）“扩大有效供给”的假设，就是马克思主义经济学中提出的“相对过剩”的体现，并不是主流经济学自定义的“绝对过剩”；（3）不能把“扩大有效供给”与创新混为一谈。中国的供给侧结构性改革是在改革开放取得重大成就之后，随着人们对产品质量和结构的变化而适时提出的，既跟供给学派强调总量控制的主张不同，也跟萨伊定律认为供给自动创造需求的主张不同。

其次，以舒尔茨为代表的西方农业经济学家把西方的理论前提和经验，生硬套用于发展中国家的实际，必然缺少适用性。舒尔茨认为，传统农业是一个同一体；市场机制必然会导致资源最佳配置，则传统农业不存在劳动力过剩，这样就完全把中国人多地少的基本国情排除在理论之外。黄宗智认为，舒尔茨只简单地把新古典经济学理论不加反思的套用于印度和中国。与舒尔茨的观点不同，博塞拉普没有把传统农业想象为一个简单的同一体。速水佑次郎通过对日本农业的分析认为，在国际贸易背景下，一国的粮食需求完全可以通过国际市场来实现，政府对农业的补贴具有收买选民的政治考量。这种看法没有考虑到国际贸易动荡及国际市场供需的变化情况，以及特殊时期可能引发的粮食安全问题。盖尔·约翰逊主张在农村内部或靠近农村的小城市或中小城镇创造就业岗位，来转移出过量的农业劳动力[①]。约翰逊没有考虑农业具有的就业和社会保障的特性，在中国这样一个农业人口达到近8亿人而乡村各项基础设施相对城市严重落后的国家，要转移大量农业人口且要给他们就近提供和城市等同的生活和工作条件显得相当困难。博塞拉普发现

① 盖尔·约翰逊著，林毅夫、赵耀辉等译：《经济发展中的农业、农村、农民问题》，商务印书馆2004年版，第131～150页。

在欠缺了某种社会或环境的条件下，特定的技术得不到发展，也得不到采用。只有当地的条件达到合适的状态时，农民才会采用更高效的技术。博塞拉普认为，人们是抵触劳动的，增加的工作要求可能会严重阻碍从较低的农业技术转变为较高的农业技术。博塞拉普还认为，人口增长会促进农业集约化程度的提高，从而增加粮食产量，但他排除了耕地以外的其他环境限制因素。很显然，影响农业以及粮食生产的因素不仅仅是耕地，制度、科技水平、经济发展阶段和劳动力水平都会影响产出水平。

最后，中国的粮食供给侧结构性改革研究比较缺乏。中国的资源禀赋条件和经济发展阶段具有独特性，不能简单照搬他国经验。目前，有关中国农业供给侧结构性改革的研究主要集中于农业的某一个层面，如农村土地制度、农业经营模式与主体培育等。在农业内部，经济性作物和养殖业由于利润高、周期短受到的关注较高。关于粮食供给侧结构性改革的研究要么是在农业供给侧结构性改革中一带而过，要么是侧重于某一个方面，缺少系统性。相关研究较多停留在现象梳理和规范研究层面，缺乏理论探讨和可执行的政策建议。

1.3 研究目标、思路与方法

1.3.1 研究目标

中国粮食面临高成本、高库存、高进口的压力，农民种粮比较收益和粮食质量偏低。随着经济的发展，人民对粮食质量的要求日益提高，对粮食生产提出了更高的要求。基于农业和粮食产业的弱质性和正外部性，要提升粮食质量、保障农民收益，保障粮食产业安全和国家粮食安全，以更好地满足人民对更高质量粮食的需求，必须要进行供给侧结构性改革。本书希望能找到中国粮食可持续高质量发展的理论基础和实现路径，在满足人民对粮食的更高需求的同时，让种粮农民能享受到经济发展的合理收益。

1.3.2 研究思路

本书聚焦于中国粮食生产要素改革、流通领域改革、制度供给改革和价格生成机制改革，从而实现提高中国粮食产业竞争力，保证中国粮食主权和粮食安全的政策目标。本书拟解决以下五个问题：（1）中国粮食供给侧的现状、问题与成因是什么？（2）中国粮食产业供给侧结构性改革的目标是什么？（3）如何测量中国粮食产业的竞争力水平？（4）国际上有哪些可供借鉴的粮食供给侧结构性改革经验？（5）提出中国粮食供给侧结构性改革的对策建议。

本书的技术线路如图1－1所示。

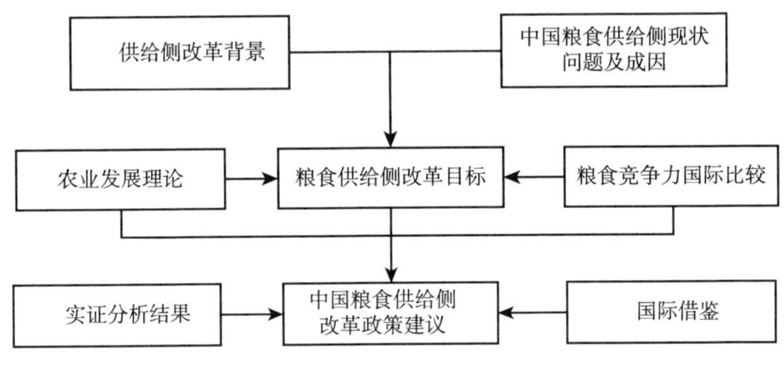

图1－1 本书的技术线路

1.3.3 研究方法

在本书的研究过程中，主要采用了文献资料法、实证分析法、案例分析法和比较研究法，对中国粮食供给侧结构性改革进行理论分析和实证研究。

（1）文献资料法。通过对国内外现有相关资料文献的搜集与整理，从中总结出中国粮食产业的发展历程、发展现状，以及当前运行过程中暴露出的不足之处，从而为本书的深入分析与研究奠定深厚的理论基础。

（2）实证分析法。通过查询中国国家统计局网站、联合国粮农组织数据库（FAO）、世界贸易组织（WTO）数据库、经济合作与发展组织（OECD）数据库，利用相关模型实证对比分析了中国粮食及各主要粮食品种的国际竞争力，可以对我国粮食供给侧结构性改革提供一些借鉴。

（3）案例研究法。以粮食供给侧结构性改革为切入点，本书选择曾在供给侧结构性改革方面遇到严重困难，通过大胆探索找到成功经验的具有典型意义的粮食主产区四川省崇州市的案例进行分析，总结其成功经验，为中国的粮食供给侧结构性改革提供启示和借鉴。

（4）比较研究法。通过对比分析世界主要粮食出口国的粮食产业发展经验，找异同、探规律，通过比较分析，探索中国粮食供给侧结构性改革的现状问题与发展方向，提出中国粮食产业高质量发展的对策建议。

1.4 本书的创新点与不足

1.4.1 本书的创新点

本书以舒尔茨的农业收入流、农业人力资本理论和速水佑次郎对粮食问题的三阶段论断为基础，结合道格拉斯生产函数，通过粮食国际竞争力分析和粮食产业国际经验对比分析，理论推演了形成和影响中国粮食供给侧结构性改革现状和问题的成因，从粮食经营模式、粮食流通体制和粮食政策支持体系三方面指出中国粮食供给侧问题的改革目标，并提出开展中国粮食供给侧结构性改革的对策建议。本书的创新的主要集中于以下三个方面：

第一，提出当前中国粮食的发展方向应从数量型增长转向质量型增长。由于中国农业人口基数大、人均耕地面积少且耕地存在细碎化、分散化的特征，中国的粮食生产主要采用高要素投入、精耕细作的生产方式。这种生产方式在带来较高粮食单产的同时，随着要素成本的不断上升，形成了产量高、成本高、库存高的现象。在粮食产量激励驱动下，粮食生产过程中过量化学品的使用导致粮食品质受到损害，不能满足消费者日益提高的粮食质量要求。将粮食发展方式从数量型增长转向质量型增长，引导粮食生产者以更加绿色环保的方式生产更高品质的粮食，能更好地解决粮食市场供需结构的失衡，符合党的十九大报告提出的“我国经济已由高速增长阶段转向高质量发展阶段”的要求。

第二，提出当前政府应着重通过乡村振兴等产业调整政策支持“三农”。在工业化发展初期，为了在保持低工资以压低企业用工成本的同时让产业工人能负担得起足够的食物，存在刻意压低粮食价格的情况。随着工业化的不断发展，食物占工人工资消费的比例不断降低，农业产业的比重也不断降低。粮食生产者在为工业化的发展做出牺牲之后却面临着产业萎缩、相对收入下降的问题，不符合分配公平的原则。加上农业本身具有弱质性和公益性，要求政府给予扶持。若不能及时采取产业调整政策支持农业的发展，国家粮食安全将受到影响，并可能引发社会问题。

第三，提出以组织化、规模化经营作为提高粮食劳动生产率、提升粮食质量的突破口。要提高粮食质量，需要在粮食生产过程、粮食流通过程、粮食种业开发上进行全方位改进。目前中国小规模分散经营的农户无法实现上述过程的有效改进。通过实现组织化、规模化经营，可以更好地利用资源进行农业科技研发、农业技术推广、农业市场开发、农业职业教育、农业社会化服务，为提升粮食质量从各方面创造条件。

1.4.2 本书的不足之处

在本书研究过程中，由于本人理论水平不足和本书篇幅有限，使得本书存在一定的局限性；由于数据可获得性方面的原因导致的实证分析结论可能还存在一定程度的偏差。中华人民共和国成立至今，由于历史的原因，中国粮食生产的年度数据样本量和影响粮食生产的变量数据严重不足，中国和其他国际组织统计的影响粮食生产的变量不统一，导致很难进行全面的实证研究。本书一直试图构建一个粮食竞争力指标体系并对其进行主成分分析，计算出中国粮食供给侧质量指数，由于数据不足没有如愿。

第 2 章

中国粮食供给侧结构性改革基本理论

2.1 本书的基本概念

粮食一词在不同语言、不同语境中、不同时期的含义不尽相同，因此可能带来理解上的偏差。为了便于理解和比较，本书先对粮食的基本概念做一界定。

2.1.1 粮食的概念

为了便于分析、讨论，本书先对中外粮食的概念做出比较与说明。

2.1.1.1 中国粮食的概念

（1）传统粮食的定义。从狭义上来看，粮食就是谷物，属于禾本科作物中的一种。它包括很多种类，如小麦、玉米及燕麦等，一般来说，荞麦也包含在其中。从广义上来看，粮食就是多种食物的合体，如谷物、豆类等；同时这也与官方每年统计并公布的粮食产量相契合，包括农业生产的各种粮食作物和豆类，其中豆类主要包括大豆、绿豆等。1991 年，国内学者李长风将薯类的种类进行定义，其有两类，一是甘薯，二是马铃薯。在 2005 年出版的《现代汉语词典》中指出，粮食就是三类食物的总和，一是谷物，二是豆类，三是薯类。特别要指出的是大豆，农产品市场信息系统（AMIS）将其归类为粮食，联合国粮食及农业组织（FAO）将其归类为油料。可见，传统粮食概念的广义和狭义之分，使其含义不甚明确，易造成混淆，多为日常用语，不宜作为统计和学术之用。

（2）粮食部门对粮食的界定和划分。具体来讲，主要是指经营管理的三类品种，通常来说是结合贸易粮食口径来计算的，一是谷物，二是豆类，三是薯类。想要将不同地区进行对比，粮食部门对其种类进行了划分，同时还有一定的次序。在 1950 年，我国粮食部门将粮食分为七类，如大米、小米、玉米等。在 1952 年，将粮食的种类缩小到四类，一是小麦，二是大米，三是大豆，四是杂粮。自 1953 年开始，我国对农业计算口径进行修订，每年粮食产量的相关数据就是广义上的定义。粮食种类增加到五类，将薯类加入进来。可以这样解释：在中华人民共和国成立初期，我国人均谷物产量很低，难以保障充足的粮食供应。为了让每一个人都能够吃上饭这一低标准得到有效保证，政府在谷物产量中将豆类和薯类加入进来，能够有助于实现温饱水平。在 1994 年，粮食种类的 5 个分类进行了调整，将薯类换成其他，并且这一分类一直延续到现在①。粮食部门在将粮食作为商品品种进行划分时，根据应用范围和使用对象，将其划分为四类，具体如下：

一是原粮，也叫作自然粮，就是在收割、打场等完成后，尚未进行碾磨加工的粮食。如小麦、稻谷、大豆、高粱、玉米、绿豆、大麦、蚕豆、薯干等。在对原粮总数进行统计的过程中，对于已经加工成为成品的食物，要结合相应的制度以一定的折合率，将其换成原粮。在对全社会粮食生产总量进行统计的过程中，一般都说的是原粮。

二是成品粮，就是加工后的原粮所形成的成品，比如面粉、玉米面等。然而部分原粮不需要对其进行加工，也能够将其作为食物食用，它既是原粮，也是成品粮，比如薯干。在对成品粮进行计算的过程中，对于不属于成品粮种类的，要结合相应的规定，以一定的折合率将其换算成成品粮。我国对城镇居民提供的粮食等，一般都是结合成品粮来计算的。

三是混合粮，主要由原粮和成品粮构成。具体来讲，就是在实际生产经营的过程中，按照粮食的性质进行明确的划分，如大米、大豆等。粮食部门想要对业务活动的具体工作进行观察，一般来说都利用混合粮进行计算。

四是贸易粮，就是在对粮食进行购买、销售等过程中，粮食部门对于粮食品种的规范而规定的统一叫法。在计算过程中，原粮或成品粮要结合相关的要求以一定的折合率，将其换算成贸易粮。还有部分粮食种类比较特殊，不但属于原粮，同时又属于贸易粮，比如小麦。

按照一定的使用功能，粮食分为四类，一是口粮，二是饲料用粮，三是

① 肖春阳：《中外粮食、粮食安全概念比较》，载于《黑龙江粮食》2009 年第 2 期，第 40 ~ 43 页。

工业用粮，四是种子用粮。

我国的粮食概念可根据粮食的商品特性和用途，按照不同标准进行区分，含义也不甚明确，指称不明确。

（3）中国统计部门的粮食定义。在2009年，国内学者肖春阳明确了统计部门的粮食定义，他认为其包括很多种类，比如小麦、玉米等，同时还将薯类和大豆也包括进来①。结合计算产量的方式，豆类的计算方式，以去荚后的干豆为主；薯类的计算，就是以甘薯和马铃薯为主，芋头和木薯等不含在内。分别解释如下：

首先，粮食的含义就是三类食物的总和，一是谷物，二是薯类，三是大豆，这一定义和国际上常用的谷物口径相比，前者要大一些。

其次，谷物指的是小麦、谷子等，对于谷物作物的计算，通常是以脱粒后的原粮为主，而豆类和薯类是不包含在内的。

再次，豆类作物是豆类植物的一种，它主要包括两个内容，一是大豆，二是杂豆。其中前者又可以分成三种，一是黄豆，二是黑豆，三是青豆，其计算，都是以去荚后的干豆为主。

最后，薯类作物共包括两方面：即甘薯和马铃薯。一般来说，芋头的计算通常是按照蔬菜的方式进行的，木薯的计算通常是按照其他作物的方式来进行。对于城市郊区来说，大多种植的都是蔬菜，而将马铃薯的计算归于蔬菜类中。近年来国家提倡把马铃薯作为第四大主食。

统计部门的粮食概念稳定而明确，但类别较多且过于细致，并与国际标准存在差异，在分析使用时较为不便。

2.1.1.2 国外粮食的概念

（1）传统谷物定义。中国所使用的粮食和国外的食物（food）意思有较大出入。根据肖春阳（2009）的介绍，“food”对应食物，意指干的可以吃的物质，与饮料是相关联的②。在1982年，英国的《简明牛津词典》中，对food是这样定义的，它能使生命以及代谢过程得以有效的保持，提供物质所需的能量，它由三部分组成，一是蛋白质，二是碳水化合物，三是脂肪。此外，还包括一些辅助物质，以及维他命等，这种物质的形态是固体的。其英文单词有两个，一是“grain”，二是“cereal”。“cereal”为生产谷物

① 杨茂蟑、肖春阳：《中外粮食概念比较》，载于《中国粮食经济》1997年第10期，第12～16页。

② 肖春阳：《中外粮食、粮食安全概念比较》，载于《黑龙江粮食》2009年第2期，第40～43页。

(grain)的植物或“grain”经加工而成的产品，如麦片；grain为谷物植物(cereal)结出的硬粒果实，又可称为“coarsegrain”，如小麦等。在1999年，联合国粮食组织将谷物目录进行划分，将其分为三类，一是小麦，二是稻谷，三是粗粮，而第三类包括的食物有很多，如玉米、燕麦等。和中国传统粮食概念一样，国外传统粮食概念多为日常用语，不宜作为统计和学术之用。

(2)联合国粮食及农业组织（FAO）对谷物的定义。该定义包含三大类，即小麦、稻米、玉米，接受度较高，但缺少了中国粮食定义以及世界粮食贸易中很重要的一个品种，即大豆。

(3)农产品市场信息系统（AMIS）的粮食概念。由20国集团农业部长于2011年发起的农产品市场信息系统旨在提高国际农产品市场透明度和政策协调性，防止物价飞涨，增强全球粮食安全。该系统使用的粮食概念主要指小麦、玉米、稻米和大豆。此定义比较符合各国对农产品的定义，且简单明确，易于进行分析比较。

2.1.1.3 本书使用的粮食的概念

本书在单独分析中国粮食产业时，由于数据来源于中国统计部门，主要是以统计部门粮食的定义为主，也就是粮食的总称，将小麦、高粱等都包含在内。

本书在对比分析中国与其他国家的粮食产业时，根据数据来源的一致性且为了方便比较，采用的是农产品市场信息系统（AMIS）所使用的粮食概念，即粮食包括小麦、玉米、稻米和大豆。

2.1.2 粮食供给侧结构性改革的含义

为了便于分析和讨论，本书对供给侧结构性改革和粮食供给侧结构性改革进行定义和说明。

2.1.2.1 供给侧结构性改革的含义

推进供给侧结构性改革，是以习近平同志为总书记的党中央在综合分析世界经济增长周期和我国发展阶段性特征及其相互作用的基础上，集中全党和全国人民智慧，从理论到实践不断探索的结晶。

2015年11月，习近平总书记主持召开的中央财经领导小组第十一次会议重点研究了经济结构性改革和城市工作；2016年1月，中央财经领导小组召开第十二次会议研究供给侧结构性改革方案，习近平总书记强调供给侧结构性改革的目的是提高社会生产力、落实好以人民为中心的发展思想；2017年10月，习近平总书记在党的十九大报告中指出，深化供给侧结构性改革必须把着力点放在实体经济上，提高我国经济发展的质量。

多位学者论证了供给侧结构性改革的理论基础及现实意义。所谓供给侧结构性改革，就是以供给质量的提升为基础，通过改革的手段，使结构优化不断深入发展，对于扭曲的要素结构进行优化调整，使有效供给得到扩展，使供给结构对于多样化需求的变化的适应力得到有效的提升，使全要素生产率得到有效的提升，使广大人民的多样化需求得到更好的满足，从而使社会经济能够不断深入的发展。利用改革这一手段来释放生产潜力，提升供给侧竞争力，促进经济发展质量的提升（吴敬琏，2016；冯志峰，2016）。供给侧结构性改革的理论基础是中国特色社会主义经济理论在新时期的创新发展。在具体实践中，要淘汰落后的边际产能，将发展重心聚焦在创新性的、绿色化的、高质量的经济领域。这与“需求侧”的消费、投资和出口三个内容相互呼应。而对于供给侧结构性改革来说，其主要有劳动力、土地、资本、创新四个方面的内容，通过化解产能过剩、降低企业成本、消化地产库存和防范金融风险来提高经济发展质量。供给侧结构性改革的重点就是将经济结构进行有效的优化，能够最佳地配置各项生产要素。

2.1.2.2 农业供给侧结构性改革

农业供给侧结构性改革的首次提出是在2015年12月24日至25日在北京召开的中共中央农村工作会议上。农业部部长韩长赋在2015年12月25日举行的全国农业工作会议上表示，中国农业经济运行中有总量平衡问题，但更严重的问题是结构性失衡。因此，要加大力度调整种植业、养殖业和渔业等产业结构，尤其是调减库存压力较大的玉米的生产面积，跨行业考虑粮食产能布局，促进产业融合发展，优化提升粮食产能。该次会议强调，要深入落实对农业的改革工作，促进农业供给体系的补充与完善，从而提升农业生产效率的同时，进一步扩大农产品的规模和类型等，使之能够与消费者的多样化需求相符合，使农产品的结构得到优化，使农产品确保实现有效供给。另外，在2017年12月29日召开的中央农村工作会议中，同样对进行农业改革的必然性进行了说明，要促进农产品质量的提高，促进乡村振兴战略的实施。

中国粮食产量自2004年以来连续12年增长。2016年产量虽然略有回落，但仍为丰收年，2017年继续增长。在粮食丰收的背后，供需结构失衡、资源约束加大、成本持续走高等问题日益突出，已经影响到粮食产业的健康发展（罗必良，2017）。在需求侧，消费者对粮食品质和安全性的要求越来越高，进口粮食份额逐渐加大。农业供给侧结构性改革面临降低粮食生产成本、提高粮食质量和产品竞争力、增加农民收入，实现去库存、降成本、补短板的艰巨任务（侯继虎，2017）。为实现粮食产品结构的平衡，调减玉米种植面积、推进马铃薯主食品开发和热带农业发展，建立棉油糖果等重要农产品生产保护区，需要多措施并举、共同推进，以增强粮食产业持续发展的能力。

虽然粮食供给侧问题林林总总，但核心都围绕在供给侧的各个方面。改善供给结构、提升发展水平，是今后农业发展的主要任务（任泽平，2017）。农业供给侧结构性改革的具体推进，既涉及理念更新和体制改革，又包括实际的生产和经营方式。在理念上，要加强一二三产业融合发展，进一步提高对粮经饲的有效统一、农林牧渔共同作用，确立大农业、大食物观念。在原则上，要时刻坚守粮食安全的底线；在经营方式上，要引进各类农业经营主体，发展适度规模经营，增加粮食产业的活力。

供给侧结构性改革的过程中，国家宏观调控方式的改革是非常重要的一个方面。过去为了保证农民利益，对于在市场上卖不掉或价格过低的粮食，国家以保护价兜底收购，既加重了财政和仓储负担，又阻碍了市场价格信号的有效传递。农业供给侧结构性改革要探索新的政府干预粮食生产的方式，力争既保证安全，又保证效率。除了国家的宏观调控之外，农业生产方式也需要迎来新的变化。通过施化肥、打农药、单纯追求产量增长的生产方式，导致农业产品成本高、品质低，已经不符合消费者需求。调整农民粮食种植结构和种植方式，增加绿色健康食品的生产，通过品质提升实现经济效益的提升。引导农民把控好自己生产的质量和规模，让农民不断分享改革成果，这项改革才会得人心、见实效。以农民收入的增加，生活水平的改善作为结构调整和农业发展的衡量标准。

2.1.2.3　粮食供给侧结构性改革

从 2016 年国家粮食局发布的《关于加快推进粮食行业供给侧结构性改革的指导意见》（以下简称《意见》）来看，其对当前粮食市场运行过程中暴露出的不足之处进行了总结与概括。具体来讲，主要包括以下三个方面：一是部分粮食品种供需关系难以协调；二是运行过程中涉及诸多方面的内容使得复杂程度较高；三是现行收储制度存在一定的局限性。另外，从《意见》中还发现，我国粮食产业的矛盾主要在于供给侧的结构性矛盾，需要通过粮食供给侧结构性改革的措施来加以改善。基于此，要想保证粮食产业的平稳运行，就必须深入落实粮食改革工作。

另外，在该意见中还对粮食供给侧结构性改革的目标进行了概括：（1）进一步提高粮食安全保障能力；（2）粮食流通过程的现代化水平提高；（3）粮食产业经济平稳运行。其中关键内容为：（1）对粮食收储制度加以补充与完善，促进粮食“去库存”的进程；（2）提高对粮食产业经济的重视程度；（3）进一步提高粮食流通过程中的现代化水平；（4）推动粮食流通能力现代化建设。

全国人民代表大会农业与农村委员会主任、中央农村工作领导小组原副组长陈锡文认为，中国粮食供给侧主要面临两个问题。一是总量高但供需结构不匹配；二是面临国内粮食价格与国际粮价的价格差距巨大。

陈锡文表示，以农业作为切入点，对其进行供给侧结构改革所涉及的内容主要包括以下三个方面：一是实现粮食市场的供需关系的协调与统一，进一步提高粮食生产产量；二是有效缓解粮食品种存在的冲突与矛盾；三是保证粮食价格竞争力的提高。另外，他还表示，在具体改革工作的深入落实过程中，应以创新和改革作为重点。基于创新能力的支持下，能够进一步拓宽品种类型、提高生产效率等。对于农业组织形式以及现有制度体制也要加以创新，从而在最大程度上保证粮食生产与社会发展趋势相适应。中国地少人多，人均经营规模过小，竞争力不足，因此政府要用其他形式对农民的合理收益给予必要的补贴。需要积极推进改革一些重要农产品的价格形成机制、补贴制度、收储制度①。陈锡文认为，粮食供给侧结构性改革应该在三个方向发力：一是要继续扩大产能，实现总量平衡；二是根据市场需求调节种植结构；三是加强科技研发和应用力度，降低生产成本，提升生产效率②。

结合粮食供给侧方面的问题、背景、任务，国家粮食局《关于加快推进粮食行业供给侧结构性改革的指导意见》和相关专家对粮食供给侧结构性改革的论述，本书认为粮食供给侧结构性改革包含三个方面的内容：一是粮食经营模式改革。主要包括形成高效的农地流转市场、培育多种粮食经营主体、培育职业化农民队伍、引入工商资本进入农业、完善粮食生产社会化服务水平。二是粮食流通体制改革。主要包括改革粮食价格形成机制、培育多元的流通市场体系、完善粮食收储机制、建立高效的粮食市场调控手段、推动粮食期货市场建设。三是粮食支持政策改革。主要包括加强农业科研和农民职业技能教育投资、完善农业基础设施建设、健全粮食领域法律体系、保障粮农的收入。

---

① 陈锡文：《农业供给侧结构性改革要进行农业组织创新》，中国网财经网，2018 年 3 月 6 日，http：//finance. china. com. cn/news/special/2016lhcjzt/20160306/3615991. shtml。

② 陈锡文：《中国粮食既“多”又“少”需推进供给侧结构性改革》，新华网，2018 年 3 月 6 日，http：//news. xinhuanet. com/fortune/2016 -03/06/c_1118247745. htm。

2.1.3　粮食安全的含义

粮食安全的含义在多个历史时期经历了一个不断演化的过程。在1974年，联合国粮食及农业组织（FAO）首次提出粮食安全这一名词，也就是说，无论在何时、无论对哪些人，都能使其需求的粮食数量得以有效的保证。在1983年，FAO对粮食安全进行了一次修订，指出对所有人不论何时都要保证他们能对其所需的食物买得起、买得到。在1996年，在《世界粮食安全罗马宣言》中，对这一名词进行了再次修正，提出对于所有人不论在何时都能将其所需求的粮食，在数量上、安全上、营养方面得以保证，同时，能对于健康生活的膳食需求进行满足时，这才是粮食安全（欧璇，侯杰，2010）。我国学者吴志华（2003）提出，粮食安全这一名词就是指一个国家或地区，不论何人何时都能对其所需的能够保证其健康生活的粮食得以确保，同时保证流通与消费进行动态和有效平衡的政治经济活动。欧璇、侯杰（2010）认为可以从两个角度理解粮食安全：（1）国家粮食安全—家庭粮食安全—个人营养安全；（2）数量安全—质量安全—生态安全。FAO及各国研究人员对于粮食安全的评价指标有很多，比如粮食储备率等。普雁翔、张海翔（2012）辨析了粮食和粮食安全的不同概念，论证了粮食安全的公共品属性，认为政府有责任通过适当的产业政策保障国家的粮食安全。

本书把粮食安全界定为某一国家或地区可持续地为其居民提供数量充足、品质健康、价格合理、结构均衡的食物供给保障的能力。换言之，粮食安全的实现对粮食供给的数量、质量、结构和可获得性等方面都有要求。

2.2　中国粮食供给侧结构性改革应遵循的基本原则

2.2.1　粮食主权原则

粮食主权的概念也经历了若干历史演变。江虹（2014）指出，粮食主权概念于1996年由名为“农民之路”的国际农民组织首次提出，他们认为，所谓粮食主权就是一个国家或地区生产粮食的能力，以及使其与文化和生产方式的多元化相符合的基本权利；2002年成立的国际粮食主权计划委员会

(The International Planning Committee for Food Sovereignty) 认为，粮食主权有四个方面的内容，一是食品获得权利，二是获得生产性资源，三是农业生产方式，四是贸易和市场；2007 年 2 月，粮食主权国际会议在马里举办，这一会议的召开，明确了粮食主权的意义，就是获取所有能够与健康、文化需求相符合的粮食，同时这些粮食的生产要与生态学和可持续发展的理念相符合。同时，所有人都拥有对粮食和农业系统进行选择的权利。江虹（2014）在讨论发展中国家粮食主权时认为粮食主权的原则包括：首先，所有的贸易协定都要对粮食主权进行重视，所有的贸易协定都不可以对一个国家的粮食主权进行侵害和胁迫；其次，任何国家都有对国内粮食生产进行发展的权利，使人民能够获得足够粮食的能力得到提升，所有的国家都有权力决定自身的农业政策和贸易政策。

近年来由于国内粮食生产成本高、粮食产品价格高、国家库存高，国内市场和国际市场粮食价格倒挂。部分学者主张应加大粮食市场开放力度，通过进口解决我国粮食市场日益变化的品质和结构需求，还可以减少政府在补贴粮食生产上的财政支出。由于粮食产量多年持续增加，也有学者主张放弃严格的耕地保护政策，认为放弃耕地保护既不会影响粮食供给，还会缓解中国房地产市场的土地供应紧张问题。对此，习近平总书记在 2013 年 12 月 13 日召开的中央农村工作会议上就曾提出："中国人的饭碗任何时候都要牢牢端在自己手上。我们的饭碗应该主要装中国粮，一个国家只有立足粮食基本自给，才能掌握粮食安全主动权，进而才能掌控经济社会发展这个大局。要进一步明确粮食安全的工作重点，合理配置资源，集中力量首先把最基本最重要的保住，确保谷物基本自给、口粮绝对安全。"习近平总书记还说："历史经验告诉我们，一旦发生大饥荒，有钱也没用。解决 13 亿人吃饭问题，要坚持立足国内。"

本书把中国粮食供给侧结构性改革中应当坚持的粮食主权原则界定为：中国有权力并有能力通过有效利用中国的资源条件、发展符合中国国情的粮食生产经营和流通模式、制定合理的粮食支持政策，自主提供符合中国人民饮食文化和健康需要的粮食产品。

2.2.2 粮食安全原则

作为世界人口大国，要想解决经济发展问题首先要从人民的生活温饱开始做起，而粮食则成为解决经济发展的重要影响因素。习近平总书记曾数次对于粮食安全作出重要指示。习近平总书记反复强调，保障国家粮食安全是一个永恒课题；要把粮食安全作为治国理政头等大事。只要粮食不出大问题，中国的事就稳得住。粮食安全既是经济问题，也是政治问题，是国家发展的“定海神针”。关于战略基点，习近平总书记提出，“立足国内基本解决我国人民吃饭问题”。关于战略底线，习近平总书记提出，“耕地红线要严防死守”“谷物基本自给、口粮绝对安全”。关于战略要求，习近平总书记提出，“坚持数量质量并重”。①

由于目前中国粮食供给侧出现结构性过剩、大量边际产能需要退出、库存积压等问题，粮食供给侧结构性改革的任务就包含了调整粮食种植结构、淘汰边际产能、消化积压库存等内容。一方面，这种粮食供给侧结构性过剩引发了一些主张放弃严格的耕地保护制度和粮食自给制度，通过进口来保障国内的粮食供应的声音。实际上，全球每年粮食交易量仅为2亿吨左右，而中国国内年粮食需求量为5亿吨左右。可以说，粮食供应数量的充足，是中国国家粮食安全的重要保障，对于社会民生的发展具有积极的引导作用。另一方面，存在农业生产使用化肥农药施用过量、重金属污染问题，粮食种植业开发中面临的转基因问题，粮食储运过程中存在的质变问题，也成为中国粮食质量安全的重要内容。一旦改革力度掌握不当，可能会产生过犹不及的效果，影响粮食安全的大局。

本书认为，粮食供给侧结构性改革应该以保障粮食安全为原则，数量安全与质量安全并重，在改革进行的过程中要保证消费者能较便捷便宜地获得能适应其消费习惯并符合身体健康需求的充足食物。在粮食供给侧结构性改革的过程中，宜采用渐进式的边际改革手段，不宜一刀切，以免影响粮食安全。比如对粮食价格的改革，宜对稻谷、小麦、玉米三大主粮采取差别化的价格改革措施，在保障粮食安全的前提下，探索更合理的粮食价格形成机制。粮食供给侧结构性改革涉及粮食生产和流通的各个领域，都要以保障粮食安全为原则。

2.2.3 粮食产业安全

粮食产业链包含着从研发到生产到流通的各个环节。在粮食生产过程中，要素供应商为种粮户提供种子、化肥、农药等物资。从事粮食生产的主体包括个体农户、农场，以及参与到生产环节的粮食加工商和运销商等。在粮食

① 瞿长福、乔金亮：《把饭碗牢牢端在自己手上——党的十八大以来全面实施国家粮食安全战略综述》，《经济日报》2016年3月1日。

流通环节，批发和零售市场的粮食运销商发挥着重要的作用。在科研和技术推广环节，种业和农药、化肥的研发影响着粮食生产的效率；农业机械研发和推广影响农业生产方式和劳动生产率。陈明星（2011）认为，粮食安全首先要保证在种植中的化肥农药使用的剂量要符合国家农业发展的具体要求，不能一味想提高生产的产量而过量的使用化肥农药，确保合理的使用。另外在具体的作物种植中，首先要确保全面的农业作物种植，种植作物的选择不能仅仅从经济的发展角度去思考，要综合社会发展的实际需求进行种植作物选择。在公平公正的经济贸易发展环境中实现粮食产业的稳步发展，并能够在该环境中通过自身的发展优势实现强有力的竞争，在原先发展的基础上再上新台阶。作为国内发展的经济支柱产业，粮食产量的增加将进一步提高民众对社会发展的认同感，在实现安全保障的前提下进一步保证社会经济发展的水平。具体的粮食产业安全可分为数量、质量、生态环境和主权安全四部分，在该四部分的组成上又可以进一步进行具体的划分。在数量层次上，首先阶段性的粮食产量要能够满足社会当下的民众粮食使用需求，这样能够确保社会发展的经济秩序的稳定发展，并能够实现经济发展环境的和谐稳定。在质量方面，每个阶段性的粮食产量不单要保证充足的数量，在数量提升的同时进一步满足质量的使用要求。争取粮食的高品质生产，为进一步提升社会经济的发展提供强有力的竞争力。同时高品质的粮食生产将能够进一步保障社会民众的生活需求，满足社会民众的粮食需求。在生态环境方面，粮食生产主要依据自然环境的先天条件进行农作物种植。但是在追求高数量、高质量的粮食时，要确保生产粮食的生态环境不被破坏，能够按照正常的农作物种植规律进行种植，确保粮食的生产方式是可持续性进行的。摆正种植的生产重心，不能为了实现短时间的高数量、高质量的粮食作物而破坏原有生态环境的平衡，将导致粮食生产的环境遭到破坏，粮食生产的适宜环境开始恶化，最终无法实现农作物的正常种植。在粮食主权安全方面，国内生产的粮食品质首先要确保品质的国际化，已经生产的粮食能够实现国际化的出售，并能够保障出口粮食的主权安全。在实现高品质粮食外贸出口的同时，不断展现粮食的出口特色，提升同种外贸产品的竞争力，防止外来贸易物品的主权渗透。

在粮食生产过程中，由于早期对土地租金和劳动力的问题不够重视，导致粮食成本增加。加上中国山地多且人均耕地面积少的现实原因，农民为了提高产出，过量使用化肥农药，在推高粮食生产成本的同时，造成粮食安全指标超标和耕地质量的下降。在农业科研方面，由于投入相对不足，粮食种业市场面临国际巨头企业的冲击。随着国民经济的发展，以粮食为代表的农业在经济中的比重逐渐降低，农业相对收益低、农民收入低逐渐成为现实问题，如果农民留在农业领域又得不到相应的支持和补贴，就会陷入贫困，威胁农民的经济安全和生存安全，导致越来越多的农民因此离开土地到其他领域就业。这些问题危及粮食产业的健康可持续发展。忽视这些问题，就可能导致中国的粮食产业面对国内其他产业的冲击和国际粮食产业的竞争时败下阵来，失去对国家粮食安全的保障，引发社会问题。因此，粮食供给侧结构性改革要以粮食产业安全和农民经济安全作为原则。

在粮食供给侧结构性改革中要坚持粮食产业安全原则，就是要保证粮食产业的可持续发展能力。具体来说，要保障数量充足、品质优良的耕地；要有结构合理的劳动力从事粮食种植；要保障充足的资金和人力投入与粮食产业相关的科技研发中去；要建立多层级高效率的粮食流通体系。坚持农民经济安全的原则，就是要保障从事粮食生产的农民在生产过程中能获得风险补偿机制，通过从事粮食生产能实现合理的经济利益，并享有健全的社会保障体系。

2.3 本书的基础理论

2.3.1 中国供给侧结构性改革理论

2015 年 11 月 10 日，习近平总书记主持召开了中央财经领导小组会议，会议主要研究了经济结构性改革和城市工作。2016 年 1 月 27 日，习近平总书记在中央财经领导小组第十二次会议中，主要研究供给侧结构性改革方案。2017 年 10 月 18 日，习近平总书记在党的十九大报告中指出，继续深化供给侧结构性改革。我国目前急需构建市场化的经济体系，需要将大量的实体经济当成今后经济增长的发力点，主要发展目标应该是改善供给体系质量，大力发挥国内经济质量的长处。

中国供给侧结构性改革是在 2008 年全球金融危机之后，中国经济面临着增速放缓的“新常态”，生产成本不断上升、产品供需错配、资本边际效率下降、市场机制运行不畅的背景下，由习近平总书记担任组长的中央财经领导小组提出深入讨论的，在制度、机制和技术三个层面展开的以通过去产能、去库存、去杠杆、降成本、补短板的手段推进改革措施。冯志峰（2016）指出，中国供给侧结构性改革的目标是要跨越“中等收入陷阱”、实现创新驱动、实现高质量发展并共享发展。

中国农业供给侧结构性改革于2015年底的中央农村工作会议上首次提出。罗必良（2017）认为，农业供给侧结构性改革的重点是“去库存、降成本、补短板”，以解决粮食生产中的土地成本上升、人工成本上升和物质成本上升的“三量齐升”问题和中国粮食流通过程中存在的产量高、库存高、进口高的“三量齐增”问题，实现粮食高质量发展。

2.3.2 农业产业发展理论

舒尔茨由于农业经济学方面的贡献，特别是由于《改造传统农业》一书对发展经济学的重大理论意义和政策意义，于1979年获得了诺贝尔经济学奖。舒尔茨认为，作为人类生活的必需品，粮食产业发展水平高低的程度将直接影响社会的发展速度，并能够对社会经济的发展产生重要的影响意义（舒尔茨，2016）。同时他强调，发展中国家的传统农业无法给经济增长提供有效的动力，主要是怎样将过去的农业生产模式转变成现代化模式的农业。舒尔茨驳斥了认为传统农业中生产要素配置效率低下的观点和隐蔽失业理论，提出了农业收入流理论。该理论认为，引进现代农业生产要素可以使农业收入流价格下降，从而使农业收入成为经济增长的源泉。所谓新的要素就是“技术变化”。舒尔茨着重论述了三个问题：（1）作为社会经济发展的重要组成部分，首先要根据社会的发展现状制订出一套合理的农业发展方案；（2）按照社会经济的发展需求，在满足民众基本的生活需求的前提下，尽可能地提升粮食产量，并保护生态环境不遭到破坏；（3）对农民进行人力资本投资。基于增加新要素的考虑，就要求国家找到符合该国国情的生产要素，同时采取农业推广站等这些组织把生产要素进行有效的分发。

盖尔·约翰逊（2004）通过分析中华人民共和国成立以来的粮食生产情况认为，中国粮食产业的问题在于如何通过适当的农业调整政策，让农民享受到经济增长的成果。约翰逊认为，要提高农民收入，提高粮食生产的效率，需要大量转移农村劳动力。农业剩余劳动力的转移可以通过提高农村教育水平和就近创造就业机会来实现。通过提高粮食价格和加强对农业生产的控制，长期来看，对增加农民收入没有任何好处。

速水佑次郎基于舒尔茨的研究，在《农业经济论》新版中把粮食和农业与经济发展的关系分为粮食问题、贫困问题与农业调整问题，并通过对日本粮食和农业发展的分析，指出了从解决粮食问题到提高农民相对收入的措施[①]。通过对比美国、日本农业发展方式上的不同，速水佑次郎认为，在土地资源有限的情况下，应通过提高育种、耕作技术等方式提高土地生产率；而在劳动成本提高时，则要通过提高土地装备率即使用大型机械来提高劳动生产率。不管是哪一种方式，都需要加大农业技术的研发和对农民的职业技能教育。

张培刚在《农业与工业化》中提出，一个国家的农业产业的发展水平将直接对社会经济的发展产生重要的影响，当一个国家处在经济发展相对落后的时期时，为实现经济发展的快速化和高效化，首先应该保障农业发展的高水平化和技术化，全面实现“工业化”[②]。不但要建设工业化的城市，还要建设工业化的农村。关于工业化对于农业生产的影响，张培刚认为：（1）工业和农业在发展过程中互相影响的程度并不相同；（2）工业化的发展会引发农业生产结构上的变动，即“农作方式的重新定向”；（3）工业化的发展会导致农业生产规模增加。关于工业化对劳动力的影响，张培刚指出，（1）机械化必然会出现；（2）农村剩余劳动力会向城市或其他行业转移；（3）短期内劳动力价格比机器低时，机械化的发展会面临问题。

2.3.3　公共产品理论

起源于经济学古典学派的公共产品理论是当代西方财政理论的核心。其代表性的理论阐述有大卫·休谟关于“草地排水”的分析和亚当·斯密对于国家三项职能的分析。根据该理论，公平产品是这样一种产品，一个人对该产品的消费不对其他人对该产品的消费造成影响。此外，公共产品还须满足非排他性、非竞争性、不可分割性等特点。典型的公共产品有国防、公共安全等。

萨缪尔森（Samuelson，1954）在《公共支出的纯理论》中完成何为公共产品的定义，并将定义进行了区域性普及。按照萨缪尔森的定义，个人对纯粹的公共产品或劳务的消费不会影响别人最终对于该同类物品的消费能力和使用能力；并且将公共产品和私人产品进行综合比对后发现，两者存在明显的差别，主要表现为产品影响效果不同、不同阶级的人消费竞争力不同，以

---

① 速水佑次郎、神门善久著，沈金虎等译：《农业经济论》，中国农业出版社 2003 年版，第 17 页。

② 张培刚：《农业与工业化》，中国人民大学出版社 2014 年版，第 177～183 页。

及产品获取的利益效果不同。公共产品的边际生产成本为零。

按照这种非排他性及非竞争性两种特征，我们把不一样的物品划分成纯公共产品、准公共产品和私人产品三个类型。并且只要符合两种特征便属于纯公共产品，例如国防、免费车流量少的公路；两种特征都不符合的属于私人产品，例如吃的东西、服装、收费车流量大的公路；只具备一个的是准公共产品，如有线电视、不拥挤但收费的公路。判断一个产品是纯公共产品、准公共产品或混合产品的重要标准是使用这个产品的边际成本是否为零。对于具体经济生活而言，彻底纯粹的公共产品只是极个别的，绝大部分符合公共产品特征的物品均是准公共产品，它属于公共产品与私人产品当中的部分。

根据西方经济理论，由于“市场失灵”的存在，特别是在公共产品方面，使得市场机制难以在所有领域达到“帕累托最优”。由于免费搭车问题的存在，市场信号不能准确传递公共产品的供需信息，一旦出现公共产品的私有化，那么最终将会导致产品在获取中出现免费获得现象，这样做最终将直接影响社会经济环境的不公平性和不平衡，失去公共产品的生产内涵，无法实现社会民众的最大获益效果。该类问题也是当下社会经济发展环境中所需解决的问题，在现有的经济发展制度中还无法很好地解决，因此这需要通过新的途径进行解决，比如政府对应的社会经济管控机构出面提供公共产品或劳务，首先稳定社会经济发展的秩序，并逐步实现经济发展环境的公平公正性。此外，考虑到公共产品会出现一定程度的外部效应，因此在社会经济发展的环境中私人不能满足对公共产品的需求进而会造成公共产品的供应不足，最终会对现有的社会经济发展环境产生不良的影响，将间接导致公共产品的出售物链中断，此时则也需要对应的政府社会经济秩序维护监管部门出台相应的政策进行调整，确保公共产品的正常供售流程，维护社会经济发展秩序的稳定性，同时政府部门也可以根据实际的社会经济发展环境需求，提供相关的产品或劳务（郭亚飞，2014）。政府因为可以通过税收向所有享受公共产品利益的人收费，可以避免搭便车的情况出现。从范围上来讲，对应的政府社会经济环境监管部门所提供的公共产品和劳务的信赖度高，能够很好地实现短时间内的政府经济环境不平衡的现象，进一步完善社会经济发展环境的监管体系，实现社会经济发展环境的公平公正。同时政府在提供公共产品和劳务时，也会按照国家相关政策的需求进行检验，按照事物发展具体的性质进行分类，比如按照领域的不同可以划分为：国防、环境保护、法律援助等。按照规模可以划分为：最优规模和其他类型的规模。按照提供的公共产品的生产资金来源进行划分则又可以划分为政府资金的投入支持和私人资金等。公共产品主要涉及六个方面的基本问题。第一，公共产品应占用的资源的数量问题；第二，由政府主持的公共产品的生产成本该如何进行分配；第三，由公共产品带来的最终社会利益的分配关系该如何处理；第四，在实现公共产品提供的过程中，如何确保流程的规范化；第五，政府监管部门对于公共产品提供工作的制度规范如何具体的实施；第六，政府在提供公共产品和监管社会经济发展中承担的责任和起到的作用各是什么。

公共产品的提供方式主要是与市场经济的发展相关联，同时以产品边际效果和社会经济发展理论为基础，将政府部门发挥作用的范围界定为市场失灵的领域。该理论为解决市场失灵、缓解国内社会矛盾、减轻社会摩擦、统筹区域协调发展等起到了不可忽视的作用。

2.3.4 产业安全理论

英国古典经济学家亚当·斯密（Adam Smith，1979）在《国富论》中指出，假如实现该国家的经济飞速发展的产业无法在本国内得到有效的发展，那么通过依靠别国进行相应产业发展的做法并不符合维护国家安全的要求[①]。这是针对产业安全第一次较为全面的论述。斯密的这种为确保国家安全而进行的贸易交流原则得到了社会民众的一致认可，同时也逐步成为世界各个国家经济贸易往来的理论依据。汉密尔顿（Alexander Hamilton）和李斯特（Friedrich List）是斯密之后贸易保护主义的代表人物，他们的观点后来被称为幼稚产业保护论[②]。20 世纪 70 年代，伴随着国际竞争的加剧，各国开始关注产业安全。日本政府在 1980 年发布的《国际综合安全报告》中，第一次使用了“经济安全”的概念。20 世纪 80 年代，美国的汽车产业受到了来自日本汽车产业的强烈冲击，迈克尔·波特（Michael Porter，1979）教授和博格·沃纳菲尔特（B. Wernerfelt，1984）教授分别从企业外部和内部两个视角提出了“五力竞争模型”和“企业资源基础论”。20 世纪 90 年代，“经济安全”一词开始正式出现于美国的贸易经济外交政策中，这也意味着国家由军事安全转向经济安全；同时期日本也开始重视制造业对其国家经济安全的重要性。

---

① 亚当·斯密著，唐日松等译：《国富论》，商务印书馆 1979 年版，第 94 页。

② 李孟刚：《产业安全理论研究》，载于《管理现代化》2006 年第 3 期，第 49～52 页。

于新东（2000）提出，所谓的产业安全从某种经济发展的角度来讲更像是一种自主权，同样这一自主权的保护程度也将代表着该国家经济发展的贸易安全程度。只有实现贸易经济交流自主权，才能够确保在实现贸易的同时保护国家的产品不会受到外来产品的渗透。杨公仆（2000）认为，产业安全的外在表现是一国产业的国际竞争力，具体为一国对国内重要产业的控制能力及产业抵御外部威胁的能力。张立（2002）提出，产业安全概念的提出首先其适应的范围是实现经济贸易开放自由化的国家，其次各个国家通过贸易交流能够不断提升本国的产品经济发展需求，保证产品能够在世界经济的发展环境中拥有较强的竞争能力。同时拥有产品安全的国家，其经济的发展水平相对较高，能够很好地适应社会经济的发展需求，为国家的社会发展提供经济保障。根据张立的理论，发展产业安全既要注重一国对本国产业的控制力，也要注重产业自身的发展能力，李孟刚（2010）也提出了相同的社会经济发展期望。

2.3.5 社会主义初级阶段的所有制结构理论

中国共产党第十三次全国代表大会指出，中国正处于并将长期处于社会主义初级阶段。这一论断有两层含义：第一，明确了我国的社会性质，即我国已经进入并建立起了社会主义的基本经济制度；第二，我国的社会主义还处于初级阶段。根据马克思主义政治经济学原理，社会生产关系是随着物质生产资料、生产力的变化和发展而变化和改变的[①]。生产力决定生产关系，生产关系一定要适合生产力状况是人类社会发展的普遍规律。就一个国家来说，考察其生产关系是否适应生产力发展的水平和性质，既要从每一种生产资料所有制形式自身来考察，也必须对各种生产资料所有制形式在整个社会经济中所处的地位、比重，以及它们的相互关系进行分析，即要考察该社会或国家的生产资料所有制结构是否合理，是否能使生产关系整体上促进生产力的发展。我国社会主义初级阶段的所有制结构，就是以公有制为主体、多种所有制经济共同发展，这是由我国社会主义初级阶段的基本国情所决定的。中国改革开放的实践证明，这种所有制结构能够充分调动各方面的积极因素，加快我国经济发展进程。在我国的社会主义经济结构中，除了以国家所有制为实现形式的占主导地位的全民所有制外，社会主义劳动群众集体所有制也

① 《马克思恩格斯选集》（第一卷），人民出版社 1995 年版，第 345 页。

占有重要地位。与全民所有制相比，集体所有制由劳动者在一个集体的范围内共同占有生产资料，其生产资料公有化程度较低、规模较小，所需资金一般由劳动者自行筹集，并自主经营、自负盈亏，实现形式灵活多样，能够较好地调动劳动者的生产积极性和主动创新精神。

农村集体所有制经济是目前我国农村地区的主要所有制形式。目前我国90%以上的粮食和经济作物是由农业集体经济组织生产的①。坚持并大力发展和完善农村集体所有制经济，对于中国国民经济发展和加速现代化进程，具有重要意义。坚持和完善农村的基本经济政策，要做好以下三个方面工作。一是要长期稳定并不断完善以家庭承包经营为基础、统分结合的双层经营体制②；二是要通过深化改革推动城乡集体所有制经济进一步理顺产权关系，转换经营机制，提高自身实力和素质；三是政府要继续采取促进集体所有制经济发展的政策和宏观调控措施。

坚持和完善我国社会主义初级阶段的基本经济制度，必须建立和完善现代产权制度。产权包括物权、债权、股权、知识产权等各类财产权，是人们在财产关系方面所形成的法律上的权利关系。这种关系包括对财产的所有权、占有权、使用权、处置权和收益权。收益权又分为所有者收益和经营者收益。其中占有权、使用权、处置权和经营者权益统称经营权。产权制度是有关产权的归属、权责、保护、流转和监督的制度。程承坪（2007）通过分析产权的内涵和结构认为，所有制决定所有权，所有权决定产权形式。洪远朋（2010）对比分析了马克思主义所有权理论和西方现代产权理论的异同，认为丰富社会主义经济制度关于产权的内涵，加快产权的流动和培育产权市场，有利于共有产权的结构优化和集约化经营，促进经济发展。

① 兴业证券·物流：《中国大粮商崛起之路：粮食流通产业研究》，2016 年 1 月 24 日，http://doc.mbalib.com/view/8476cc04a4fc79ad810997a1df0b7b10.html。

② 双层经营体制是指，一家一户办不到必须由农村集体组织从事经营的项目，如农田水利建设、乡镇企业等，由集体统一经营；此外的各种经常性农业生产活动由承包农户分散进行。

第3章

中国粮食供给侧的现状、问题及成因

中国在2004年试点、2006年正式取消农业税，并从2006年开始相继推出针对水稻小麦、玉米、大豆等主要粮食品种的最低收购价政策。在取消农业税、出台各种粮食生产支持政策、改革农业生产关系、大力推广农业技术、积极开展粮食科技相关研究等粮食支持政策下，中国粮食总产量基本保持连年增长势头，在数量上基本满足了国内粮食消费需求。然而，中国粮食重数量轻质量的发展方式，也带来了粮食生产成本高、库存高和粮食品质低、农民收益低等问题。国内粮食供需存在结构性失衡的现象。

3.1 中国粮食供给侧的现状

3.1.1 粮食产量和农民收入连年增长

中国主要粮食产量自2003～2015年实现“十二连增”，粮食总产量成功突破万亿斤大关，谷物总量达到6亿吨。2016年粮食产量较上一年略有回调，但仍然高于6万吨（见表3－1）。

表3－1　2003～2016年中国粮食产量　单位：万吨

年份	水稻	小麦	玉米	大豆	总产量
2003	16 065.56	8 648.80	11 583.02	1 539.32	43 069.53
2004	17 908.76	9 195.18	13 028.71	1 740.15	46 946.95
2005	18 058.84	9 744.51	13 936.54	1 634.78	48 402.19
2006	18 171.83	10 846.57	15 160.30	1 508.18	49 804.23

续表

年份	水稻	小麦	玉米	大豆	总产量
2007	18 603.40	10 929.80	15 230.05	1 272.50	50 160.28
2008	19 189.57	11 246.41	16 591.40	1 554.16	52 870.92
2009	19 510.30	11 511.51	16 397.36	1 498.15	53 082.08
2010	19 576.10	11 518.08	17 724.51	1 508.33	54 647.71
2011	20 100.09	11 740.09	19 278.11	1 448.53	57 120.85
2012	20 423.59	12 102.36	20 561.41	1 301.09	58 957.97
2013	20 361.22	12 192.64	21 848.90	1 195.10	60 193.84
2014	20 650.74	12 620.84	21 564.63	1 215.40	60 702.61
2015	20 822.52	13 018.52	22 463.16	—	62 143.92
2016	20 693.40	12 885.00	21 955.40	—	61 623.90

资料来源：根据国家统计局国家数据年度数据农业指标中的主要农作物产品产量数据分析得出，http：//data. stats. gov. cn/easyquery. htm?cn = C01。

但自 2012 年起，增速连续下滑。2016 年粮食产业开始进行供给侧结构性改革，当年粮食总产量较前一年下滑 0. 8%。

从产量的角度来看，在没有特殊自然灾害的年份，国内的粮食产量能够满足民众的基本生活需求，比如 2014 年国内三种粮食的消费量为 4. 63 亿吨。

根据国家统计局网站年度数据农业指标中的主要农作物产品产量数据和对外经济贸易指标中的主要货物进口数量数据整理得到以下数据①：2015 年的国内生产总值为 676 708 亿元，同比增长 6. 9%，农村居民人均收入同比增长 8. 9%，实现连续 12 年较快增长；城乡居民人均可支配收入之比缩减 0. 02，社会民众的生活水平得到了普遍的提升，但城乡收入差距绝对值扩大。

3. 1. 2　以单位农户为主要种植模式

我国现阶段粮食种植主要有两种模式，一是以家庭承包责任制为基础的以农户为基本单位的种植模式；二是国有农场模式。到目前为止，我国粮食生产的主要模式为以农户为单位的种植模式。2010 ~ 2015 年，农户种植粮食

① 以上数据根据国家统计局网站年度数据农业指标中的主要农作物产品产量数据和国民经济核算指标中的相关数据整理得到，网址：http：//data. stats. gov. cn/easyquery. htm?cn = C01。

总产量占比94%以上。但由于农作物种植区域分散，融资能力不足，以农户家庭为单位的粮食种植仍然处于粗放式的生产阶段，很难实现规模化和机械化经营（见表3－2、表3－3）。

表3－2　2010～2015年个体农户与国有农场粮食产量对比　单位：%

年份	个体农户粮食产量	国有农场粮食产量
2010	94.6	5.4
2011	94.4	5.6
2012	94.3	5.7
2013	94.3	5.7
2014	94.2	5.8
2015	94.1	5.9

资料来源：兴业证券·物流：《中国大粮商崛起之路：粮食流通产业研究》，2016年1月24日，http：//doc.mbalib.com/view/8476cc04a4fc79ad810997a1df0b7b10.html。

表3－3　2010～2015年个体农户与国有农场粮食播种面积对比　单位：%

年份	个体农户粮食播种面积	国有农场粮食播种面积
2010	95.9	4.1
2011	95.8	4.2
2012	95.8	4.2
2013	95.7	4.3
2014	95.7	4.3
2015	95.6	4.4

资料来源：兴业证券·物流：《中国大粮商崛起之路：粮食流通产业研究》，2016年1月24日，http：//doc.mbalib.com/view/8476cc04a4fc79ad810997a1df0b7b10.html。

3.1.3 粮食种植品种呈现地域分化现象

我国北方的粮食生产得益于生态环境的优势，南方作物的种植则依赖于温和的气候特征，南方以稻米为主，东北一些地区也种植水稻。随着城市开发、土壤和耕作技术条件变化，我国粮食生产重心呈现出由南向北转移的趋势，其中东北地区成为粳稻、玉米等商品粮的主要生产地区。

3.2　中国粮食供给侧存在的问题

3.2.1　粮食收储库存和财政压力日益增加

我国粮食产量逐年上升，国内粮食在满足正常的使用需求外还有富余。加之2006年以来逐步开始对多个粮食品种执行最低收购价政策，国内收储库存增长迅速。截至2016年10月，粮食库存增加幅度大，去库存压力巨大。基于巨大的收储压力，2016年玉米临时收储政策取消，导致当年玉米收购量呈现大幅下降，同比降幅达36.08%。但由于库存压力过大，近几年的粮食存储数量持续增加，2017年全国稻谷总产量约为20 770万吨，较上年增加75万吨，增幅为0.36%①。一边是粮食连年丰收，另一边是居民消费需求结构的升级，造成收储矛盾十分突出，财政压力巨大。同时由于市场供应充足，政策性拍卖遇冷，造成库存积压和损耗。国内外粮食价格倒挂造成的超量进口，进一步加剧了粮食收购和去库存的压力。

3.2.2　粮食产业链"两端散、中间小"

我国粮食产业链目前呈现出"两端散、中间小"的分布特点。在生产环节的分散表现为单个农户家庭耕地规模小且不连片，造成生产成本高，劳动效率低下。在流通销售环节，考虑到粮食的售卖特性，销售和购买主体零散，市场集中度低，缺乏规模效应，而且造成监管难度的增加。"小"体现在食品加工和经营环节。据不完全统计，我国有348万个食品经营主体②及数量庞大的小作坊，市场集中度很低，缺乏大企业、大品牌，难以建立完善的行业标准，大大增加了监管难度。

3.2.3　粮食市场结构性失衡

伴随社会经济的飞速发展，社会民众的生活质量有所改善，食品消费需

---

① 《2017年稻谷库存消化难度加大》，南方小麦网，http：//www.southwheat.com/a/guoneidaomishichang/shidian/2017/0519/138355.html。

② 吴林海：《我国食品安全基本态势与风险治理》，《光明日报》2017年6月8日。

求结构持续升级变化。肉类需求的上升带动饲料用粮需求上升，再加上工业用粮需求的上升，粮食需求增量仍然存在刚性增长。我国连年的粮食丰收基本可保证国内粮食数量上的需求，但是粮食品种供需结构矛盾日益凸显，呈现出紧平衡的特征。比如，小麦产量虽然充足，但优质强筋小麦不足；稻谷产量基本充足，但籼稻过多而粳稻不足；大豆等油类作物则基本完全依赖进口，对外依存度较大。此外，国内粮食在质量和价格上还受到进口冲击。国内库存和粮食进口双量齐增，反映了我国农产品质量和价格无法满足消费者的需求，农业生产结构调整速度不足以应对国外农产品的比较优势，造成替代性进口迅速增加（见表3－4至表3－6）。

表3－4　　2012～2016年粮食消费结构对比　　单位：%

年份	口粮	饲料用粮	工业用粮
2012	50.5	29.3	20.2
2013	49.9	29.1	21.0
2014	49.2	29.0	21.8
2015	48.5	28.8	22.7
2016	47.8	28.6	23.6

资料来源：兴业证券·物流：《中国大粮商崛起之路：粮食流通产业研究》，2016年1月24日，http：//doc.mbalib.com/view/8476cc04a4fc79ad810997a1df0b7b10.html。

表3－5　　2011～2015年主要农作物消费结构对比　　单位：%

年份	稻谷消费	玉米消费	小麦消费
2011	39	35	26
2012	39	37	24
2013	40	37	23
2014	39	38	24
2015	39	38	23

资料来源：兴业证券·物流：《中国大粮商崛起之路：粮食流通产业研究》，2016年1月24日，http：//doc.mbalib.com/view/8476cc04a4fc79ad810997a1df0b7b10.html。

表3－6　　1996～2014年大豆产量、进口量与出口量对比　　单位：万吨

年份	产量	进口量	出口量
1996	1 322	111	19
1997	1 473	280	19
1998	1 515	320	17
1999	1 425	432	20

续表

年份	产量	进口量	出口量
2000	1 541	1 042	21
2001	1 541	1 394	25
2002	1 651	1 131	28
2003	1 539	2 074	27
2004	1 740	2 023	33
2005	1 635	2 659	40
2006	1 508	2 824	38
2007	1 273	3 082	46
2008	1 554	3 744	47
2009	1 498	4 255	35
2010	1 508	5 480	16
2011	1 449	5 264	21
2012	1 301	5 838	32
2013	1 195	6 338	21
2014	1 215	7 140	21

资料来源：根据国家统计局国家数据年度数据农业指标中的主要农作物产品产量数据和对外经济贸易指标中的进出口主要货物数量和金额数据计算整理而得，http：//data. stats. gov. cn/easyquery. htm?cn = C01。

3.2.4　存在大量需要退出的边际产能

目前我国的粮食生产中存在超采地下水、过量使用化肥农药、重金属污染、农用薄膜残留土壤等透支资源和牺牲生态环境的行为，影响粮食产品质量和农业可持续发展能力，威胁农业绿色发展，这些都属于应该淘汰的农业边际产能。尽管 20 世纪末和 21 世纪初开始大力实施的退耕还林、还湖、还草的政策，自 2014 年以来得以加强，但侵占湿地造田种粮、造池养鱼，开垦陡坡耕地和易沙化土地的现象在一些地区仍然存在。这些粮食种植和农业的可持续生产中的边际产能外部负效应内部化将对农业的可持续发展造成严重损害，需要坚决退出。

3.2.5　成本“地板”和价格“天花板”

中国人多地少、中西部山区丘陵地带较多，以及耕地细碎化的客观情况导致农业经营的规模化和机械化程度不足。中国的粮食生产严重依靠大量的人力和物质投入，导致粮食生产成本不断攀升，面对国际进口粮食的竞争时却没有涨价空间，形成成本“地板”。大豆就是一个典型的例子。面对国际大豆低价格，大豆国内生产严重不足；高粱和大麦等玉米替代品受价差驱动大量进口，造成超量进口。2004～2015 年，中国的小麦、玉米和水稻这三种主要粮食亩均生产成本从 395 元大幅攀升至 1 090 元，增长幅度达到 175.6%。其中，亩均生产所需物资与服务费用上涨幅度为 112.4%，人工成本上涨幅度为 216.6%，土地成本上涨幅度为 302.7%①。由于粮食生产成本的大幅上涨，政府从 2006 年起逐步推出水稻、小麦、玉米、大豆等主要粮食最低收购价政策和临时收储政策以解决农民卖粮难问题，保障农民收益。据估算，2016 年我国粮食产量为 6.2 亿吨，消费量约为 6.5 亿吨，进口弥补的缺口约为 0.3 亿吨。但我国 2016 年实际粮食进口数量达 1.3 亿吨②。超量进口导致进口粮与国产粮价格倒挂，一些粮食品种尤其是国家托市收购的玉米、稻谷的粮食库存快速增加（见表 3－7 至表 3－9）。

表 3－7　2004～2015 年三种粮食主产品每亩平均成本收益情况

年份	产值合计（万元）	成本（万元）	利润（万元）	成本利润率（%）
2004	592	395	197	49.69
2005	548	425	123	28.84
2006	600	445	155	34.83
2007	666	481	185	38.49
2008	749	562	186	33.14
2009	793	600	192	32.04
2010	900	673	227	33.77
2011	1 042	791	251	31.70
2012	1 105	936	168	17.98
2013	1 099	1 026	73	7.11
2014	1 193	1 069	125	11.68
2015	1 110	1 090	20	1.79

资料来源：国家发展和改革委员会价格司主编：《2010 年全国农产品成本收益资料汇编》《2016 年全国农产品成本收益资料汇编》。

① 国家发展和改革委员会价格司主编：《2010 年全国农产品成本收益资料汇编》《2016 年全国农产品成本收益资料汇编》。

② 国家统计局年度数据农业指标中的主要农作物产品产量数据计算整理而得，http://data.stats.gov.cn/easyquery.htm?cn=C01。

表 3－8　　2004～2015 年三种粮食主产品每亩平均成本情况　　单位：万元

年份	生产成本	土地成本	总成本
2004	341.38	54.07	395.45
2005	363.00	62.02	425.02
2006	376.65	68.25	444.90
2007	399.42	81.64	481.06
2008	462.80	99.62	562.42
2009	485.79	114.62	600.41
2010	539.39	133.28	672.67
2011	641.41	149.75	791.16
2012	770.23	166.19	936.42
2013	844.83	181.36	1 026.19
2014	864.63	203.94	1 068.57

资料来源：国家发展和改革委员会价格司主编：《2010 年全国农产品成本收益资料汇编》《2016 年全国农产品成本收益资料汇编》。

表 3－9　　2004～2015 年三种粮食主产品每 50 公斤平均成本收益情况　　单位：万元

年份	平均出售价格	总成本	净利润
2004	70.73	47.25	23.48
2005	67.35	52.27	15.08
2006	71.98	53.39	18.59
2007	78.82	56.91	21.91
2008	83.54	62.75	20.79
2009	91.32	69.16	22.16
2010	103.78	77.58	26.20
2011	115.42	87.64	27.78
2012	119.86	101.59	18.27
2013	121.13	113.09	8.04
2014	124.38	111.37	13.01
2015	116.28	114.23	2.05

资料来源：国家发展和改革委员会价格司主编：《2010 年全国农产品成本收益资料汇编》《2016 年全国农产品成本收益资料汇编》。

此外，一些国际因素也影响了国内粮食价格，相比国际粮价处于相对高位：人民币自2005年以来呈现出持续走高趋势；国际粮食价格在2012年呈现出下跌走势；新技术的开发导致国际油价于2014年开始大幅下跌进而削减了粮食运输成本等。粮食产业链分散、种业研发投入不足和农业技术推广滞后，造成我国的粮食生产成本和销售价格较高，形成成本“地板”和价格“天花板”。在贸易国际化背景下，在国内粮食生产成本上升和进口粮食价格冲击下，中国三种主要粮食净利润持续下降，为了补贴农民，形成了巨大的财政压力。

3.2.6 部分粮食品种进口量持续增长

由于消费需求结构的升级变化，中国部分粮食品种进口量持续增加。2016年，我国小麦进口量同比增加13.51%，稻米进口量同比增加5.51%①；由于玉米收储制度改革导致玉米国内外价格差距缩小等原因，饲用谷物进口量出现下跌。由于粮食保护价政策实施造成进口粮食价格低于国产粮食价格，使贸易商从中看到丰厚利润，造成小麦和稻米进口量持续增加。在国内外价格差异的作用下，预计小麦和稻米将继续受到进口谷物冲击，进口量将持续增加；由于大豆种植条件政策等原因，饲用原粮和油脂油料需求也将继续较快增长。

3.3 中国粮食供给侧问题的成因

3.3.1 种粮收益低挫伤粮农积极性

日本农业经济学家速水佑次郎指出，在工业化初期，存在压低农产品价格以保证产业工人粮食购买能力，从而造成农民收入较低的贫困问题。这种压低现象后来又被称为“剪刀差”。“剪刀差”概念源自“超额税”，最早产生于20世纪20年代的苏联。苏联在1921年初走上和平建设轨道后，政府压低农产品收购价格卖给产业工人，即让工人以低于农产品实际价值的价格购买农产品，工业发展进程迅速，国家加快积累工业化资金。这种做法相当于变相对农民征税，当时人们把农业和农民丧失的这部分收入称为“贡税”或

① 《2016粮食市场综述》，中国三农网，2017年2月13日，https：//www.zg3n.com.cn/article-31307-1.html。

"超额税"（武力，2001），后来称为"剪刀差"。苏联的"剪刀差"概念在 20 世纪 30 年代传入中国。1949 年后，工业在战争中遭遇严重创伤且恢复缓慢，加上工业企业人力资源和物资短缺，为了保障工业化所需资金并保持工人的食物购买力，使得工农业产品的比价相对于抗日战争和解放战争的十几年间扩大了很多。1950 年工农产品比价与 1930 ~ 1936 年相比，扩大了 34.4%①，农民在农产品交换中吃亏很多。因此不少人就采用"剪刀差"这个词来形容工农产品比价扩大的现状。这种差额时小时大，成为我国工农业之间、城乡之间以及工人和农民之间的一个重大政治经济问题。这种差价在国家 1958 年开始实行的农产品统购统销中得以强化，反映了价值的不等量交换，其差额一旦过大则不利于工农业生产的协调发展。直到 1984 年底，实行了 32 年的统购统销才逐渐结束。

由于农业具有周期长、风险高的特点，加上中国农业由于自然条件的原因形成了小规模的劳动密集型生产方式，随着经济的不断发展，粮食生产成本越来越高，种粮比较收益低。但是出于粮食安全的考虑，必须保障粮食产量的充足甚至供过于求，导致粮食产品的价格比较低，粮食产品价格不能充分体现其价值，农民种粮积极性受到挫伤。

3.3.2　粮食生产规模化程度低

我国农村人口多，耕地碎化，造成人均经营规模过小，农业劳动生产率低。过去的一段时期，由于农村户籍制度的限制和农村土地承包权的内涵不明确，导致农村耕地流转困难。在这种经营方式下，农业生产标准化水平难以提高，且由于经营太过于分散，农产品质量安全难以得到保障。在食品加工和经营环节，如前文所述，我国有 40 多万家食品生产企业、300 多万家食品经营主体，以及难以计数的小作坊、小摊贩，市场集中度很低，缺乏大企业、大品牌和统一生产及经营标准，大大增加了监管难度。由于单个农户生产规模小，资金能力有限，仍然处于粗放式的生产阶段，很难实现规模化和机械化，国有农场虽然因其单个农场种植面积较大而能够较好实现机械化和规模化作业，但受限于其在粮食总产量中的比重小，并非我国主要种植模式。近年来，随着国家政策转向支持和鼓励农地流转，农村耕地流转率达到了

① 武力：《1949 ~ 1978 年中国"剪刀差"差额辨正》，载于《中国经济史研究》2001 年第 4 期，第 3 ~ 12 页。

33%，但多数是农户之间的零星流转，小规模农户仍然占绝对主导地位，产业化发展不足，家庭农场、农民合作社、农业现代企业等适度规模经营主体刚刚起步，在农业生产中所占比重还很低，农业劳动生产率难以提升。粮食生产规模化、机械化程度不高，农业公共投入不足，导致我国粮食生产成本高于国际进口粮食，进一步压缩农民种粮收益，挫伤农民种粮积极性。

3.3.3 农机农技推广与农业教育滞后

由于历史、观念和技术等方面的原因，我国农机推广工作远远小于农业科技的进步。由于人、财、物长期得不到投入和补充，加之机构改革使得农机系统几经合并，专业技术人才流失严重，农机推广人员呈现老龄化趋势。国家农业各项专业资金中，农机事业所占的比例很少。各级财政用于农机推广的经费很少，农机推广机构的基础设施和工作条件极其简陋。乡级农机推广站基本处于瘫痪状态。农机推广是一项复杂的工作，涉及的因素很多。基层农机推广机构受基础设施和客观条件等因素的限制，无法独立履行引进、试验、示范、推广、培训等公益性职能。由于小型农机研发相对滞后，而大型农机推广要求农业生产规模化经营，这又不符合我国目前农业生产的现实。小规模经营的农民不具有购买农机的能力。这些问题的存在，大大削弱了农机推广和使用的效率。出于类似的原因，农业技术的推广也困难重重。农业比较收益低造成青年农民外出打工，务农人员呈现出老龄化和教育水平低下的特点，更加剧了农机和农技的推广困难。

3.3.4 农业支持政策水平亟待提升

由于人口增长带来的粮食安全压力，我国在过去一段时期强调粮食产量，农业科研也主要用于提高粮食单产。粮食产量的增加对农民收入上涨形成阻力。在目前粮食总产量供过于求而进口粮食价格低于国产粮食的情况下，提高单产和政府稳定粮价的手段可能进一步刺激粮食总量和结构性过剩，导致种粮收益比较低。根据速水佑次郎的理论，工业化必然导致农民收入的相对偏低。而在工业化实现之后，政府应该补贴农民和农业，弥补农业的低收益，保证粮食生产利益。有学者指出，政府为了粮食安全保护耕地、限制农民对耕地的用途进行变更，从而限制了农业比较收益的增长，所以补贴农业不能看作对农民的优惠，而是政府花钱向农民购买粮食安全。[①] 农业保险和农业融资体系、农业技术服务体系不健全，农村公共基础设施投入和农业科技投入不足，作为规模化经营基础的农地产权界定不明晰、农村社保、农村医疗服务都亟待提高。

3.4　本章小结

农村土地制度改革带来的粮食生产潜力的释放、农业科技的应用和若干惠农政策的推出使中国成功解决了温饱问题。但由于中国农村人均占有耕地面积低且不连片，加上中国粮食生产主要以单位农户作为基本生产单位的种植模式，造成了中国粮食生产经营规模过小、农用机械使用效率和农技推广效率低、农业科研投入和农业支持政策不足，粮食产业面临成本“地板”和价格“天花板”，粮农的比较收益低，粮农种粮积极性下降。为了保障农民利益和保障国家粮食安全，国家财政面临巨大的粮食生产补贴和收储压力。与之相应的是，随着生活水平的提高，人们对粮食品质的需求越来越高，粮食供需失衡的情况出现，部分粮食品种进口呈现增加的趋势，并出现一些应该淘汰的边际产能。

① 王东京：《论农业补贴的性质及其补贴方式的转变》，载于《贵州财经学院学报》2009 年第 1 期，第 1 ~4 页。

第4章

中国粮食国际竞争力的实证分析

为了更准确地了解中国粮食的竞争力现状并提出中国粮食产业供给侧结构性改革的政策建议，本章分三步对中国粮食产业进行实证分析。第一步，通过单位耕地面积粮食产出、劳均粮食产出、单位耕地面积化肥施用量三个指标对比分析中国粮食生产的国际竞争力水平；第二步，使用国际贸易分析常用的三个指标对比分析中国粮食出口的国际竞争力的强弱；第三步，使用中国历年的粮食产量数据对影响粮食产量的若干生产要素进行回归分析，识别出影响中国粮食生产的各生产要素的作用规律。

4.1 中国粮食生产效率竞争力分析

4.1.1 研究方法与数据来源

为了准确认识中国粮食生产能力的国际竞争力，本书选用单位播种面积粮食产量（以下简称“粮食单产”）、单位劳动力粮食产量（以下简称“劳均产量”）和单位播种面积化肥施用量三个指标来进行国际对比。其中单位播种面积粮食产量、单位播种面积化肥施用量数据来源于经济合作与发展组织数据库，单位劳动力粮食产量由各国粮食总产量除以各国农业劳动力折算得出。各国粮食总产量数据来源于农业市场信息系统（AMIS）数据库，各国农业劳动力人数来源于国际劳工组织数据库①。数据年份均为2000～2016年。

4.1.2　中国与世界主要粮食出口国单产比较

本书选择世界11个主要大米生产国、9个主要小麦生产国、10个主要玉米生产国和10个主要大豆生产国对其粮食单产进行比较，结果如表4－1至表4－4所示。

表4－1　世界及各国大米单产比较　　单位：吨/公顷

年份	澳大利亚	日本	韩国	美国	阿根廷	巴西	中国	印度	乌克兰	泰国	越南	世界
2000	5.51	4.86	4.93	4.90	3.25	2.11	4.30	1.90	2.39	1.73	2.76	2.59
2001	6.19	4.81	5.09	5.07	3.88	2.17	4.22	2.08	2.42	1.83	2.79	2.64
2002	5.52	4.77	4.68	5.13	3.91	2.24	4.24	1.74	2.65	1.92	2.98	2.58
2003	6.38	4.24	4.38	5.20	3.67	2.21	4.15	2.08	2.50	1.94	3.02	2.63
2004	5.56	4.65	4.99	5.45	4.26	2.41	4.32	1.98	2.52	1.91	3.15	2.68
2005	4.41	4.82	4.87	5.18	4.09	2.32	4.29	2.10	2.87	1.98	3.18	2.73
2006	6.56	4.59	4.90	5.35	4.80	2.64	4.30	2.13	3.09	1.95	3.18	2.75
2007	5.44	4.72	4.64	5.63	4.46	2.59	4.41	2.20	3.41	2.05	3.24	2.81
2008	5.56	4.91	5.18	5.33	4.66	2.86	4.50	2.18	3.39	1.98	3.40	2.85
2009	5.64	4.73	5.32	5.53	4.62	2.95	4.51	2.13	3.89	1.93	3.40	2.86
2010	6.94	4.72	4.82	5.24	3.92	2.87	4.49	2.24	3.40	1.97	3.47	2.89
2011	6.35	4.83	4.95	5.51	4.62	3.28	4.58	2.39	3.83	2.11	3.60	2.97
2012	5.94	4.88	4.72	5.81	4.53	3.25	4.64	2.46	4.13	2.10	3.66	3.03
2013	6.85	4.88	5.08	6.00	4.57	3.35	4.60	2.42	4.00	2.08	3.62	3.02
2014	7.28	5.01	5.20	5.92	4.42	3.47	4.67	2.39	3.33	1.99	3.74	3.04
2015	6.61	5.19	5.41	5.82	4.56	3.69	4.72	2.38	3.56	1.92	3.75	3.05
2016	7.27	5.33	5.39	5.64	4.60	3.59	4.70	2.44	3.54	1.98	3.64	3.05

资料来源：根据经济合作与发展组织数据库计算整理而得，https://data.oecd.org/agroutput/crop－production.htm。

① 本章用于计算各指标的原始数据见本书附录；世界各国粮食进出口总额数据来源于农业市场信息系统（AMIS）数据库，世界各国粮食及主要农作物出口额数据来源于联合国商品贸易数据库，由于内容较长不做附录，如有需要请与笔者联系。

表 4-2　　世界及各国小麦单产比较　　单位：吨/公顷

年份	澳大利亚	日本	美国	阿根廷	巴西	中国	印度	俄罗斯	乌克兰	世界
2000	1.78	3.76	2.82	2.49	1.62	3.74	2.78	1.49	2.14	2.69
2001	2.10	3.56	2.70	2.24	1.95	3.81	2.71	1.98	3.10	2.72
2002	0.92	4.01	2.38	2.03	1.52	3.78	2.76	1.97	2.93	2.66
2003	2.11	4.03	2.97	2.54	2.50	3.93	2.61	1.54	1.37	2.67
2004	1.63	4.04	2.90	2.63	2.08	4.25	2.71	1.89	3.11	2.90
2005	2.02	4.09	2.83	2.53	1.97	4.28	2.60	1.88	2.85	2.84
2006	0.92	3.84	2.60	2.63	1.59	4.59	2.62	1.90	2.53	2.83
2007	1.08	4.33	2.73	2.83	2.21	4.61	2.71	2.02	2.34	2.82
2008	1.58	4.22	3.02	1.98	2.48	4.76	2.80	2.39	3.67	3.03
2009	1.57	3.24	2.99	2.76	2.04	4.74	2.91	2.15	3.09	3.02
2010	2.03	2.76	3.12	3.51	2.77	4.75	2.84	1.56	2.68	2.94
2011	2.15	3.53	2.94	3.13	2.66	4.84	2.99	2.19	3.35	3.15
2012	1.76	4.10	3.10	2.53	2.32	4.98	3.18	1.47	2.80	2.98
2013	2.01	3.86	3.17	2.52	2.59	5.06	3.12	2.08	3.39	3.23
2014	1.92	4.01	2.94	2.64	2.21	5.24	3.15	2.38	3.89	3.28
2015	1.89	4.71	2.93	2.59	2.23	5.39	2.75	2.42	3.88	3.29
2016	2.72	4.17	3.54	3.31	2.98	5.31	3.17	2.64	4.23	3.43

资料来源：根据经济合作与发展组织网站数据库计算整理而得，https：//data. oecd. org/agroutput/crop－production. htm。

表 4-3　　世界及各国玉米单产比较　　单位：吨/公顷

年份	俄罗斯	加拿大	中国	印度	澳大利亚	越南	乌克兰	巴西	日本	美国	世界
2000	1.72	6.28	4.60	1.82	5.41	2.75	2.97	2.76	2.58	8.59	4.27
2001	1.24	6.62	4.70	2.00	4.60	2.97	3.21	3.40	2.50	8.67	4.42
2002	2.50	7.01	4.92	1.68	4.88	3.08	3.52	3.05	2.46	8.16	4.37
2003	3.01	7.82	4.81	2.04	4.43	3.45	3.41	3.73	2.22	8.07	4.37

续表

年份	俄罗斯	加拿大	中国	印度	澳大利亚	越南	乌克兰	巴西	日本	美国	世界
2004	3.85	8.24	5.12	1.91	5.00	3.46	5.28	3.39	2.50	10.07	4.95
2005	3.73	8.60	5.29	1.94	5.60	3.60	4.32	3.04	2.52	9.29	4.87
2006	3.40	8.47	5.33	1.91	5.40	3.73	3.74	3.38	2.19	9.37	4.81
2007	2.52	8.51	5.17	2.34	4.88	3.93	3.80	3.75	2.63	9.49	4.97
2008	3.69	9.07	5.56	2.41	5.69	4.06	4.66	4.09	2.76	9.66	5.11
2009	1.85	8.39	5.26	2.02	5.78	4.08	4.79	3.71	2.54	10.34	5.14
2010	2.18	9.75	5.45	2.54	5.56	4.39	4.06	4.37	2.40	9.60	5.22
2011	4.06	8.93	5.75	2.48	5.76	4.52	6.46	4.25	2.58	9.24	5.27
2012	3.91	9.21	5.87	2.57	6.44	4.15	5.06	5.01	2.62	7.72	5.00
2013	4.75	9.59	6.02	2.68	6.49	4.43	6.40	5.26	2.73	9.92	5.60
2014	4.15	9.36	5.81	2.63	7.50	4.41	6.16	5.18	2.63	10.74	5.77
2015	4.94	10.34	5.89	2.60	8.25	4.48	5.71	5.54	2.69	10.58	5.70
2016	5.07	9.96	6.01	2.75	6.55	4.43	6.67	4.18	2.71	10.97	5.81

资料来源：根据经济合作与发展组织网站数据库计算整理而得，https：//data. oecd. org/agroutput/crop – production. htm。

表4－4　　世界及各国大豆单产比较　　单位：吨/公顷

年份	越南	俄罗斯	美国	阿根廷	日本	澳大利亚	加拿大	印度	乌克兰	中国	世界
2000	1.06	0.81	2.56	2.58	1.92	1.46	2.55	0.86	1.05	1.66	2.28
2001	1.11	0.84	2.66	2.63	1.89	1.95	1.53	0.89	1.03	1.70	2.30
2002	1.55	0.89	2.56	2.80	1.80	1.48	2.28	0.83	1.28	1.89	2.40
2003	1.55	0.67	2.28	2.21	1.53	2.21	2.17	1.03	1.17	1.65	2.05
2004	1.55	0.97	2.84	2.73	1.19	1.68	2.59	0.84	1.08	1.81	2.30
2006	1.98	0.96	2.88	2.97	1.61	2.01	2.89	1.04	1.19	1.72	2.50
2007	2.12	0.84	2.81	2.82	1.64	2.34	2.30	1.07	1.09	1.48	2.40
2008	2.06	1.00	2.67	2.39	1.78	1.89	2.79	0.91	1.52	1.70	2.24
2009	1.65	1.08	2.96	2.91	1.58	1.90	2.54	0.89	1.67	1.63	2.51

续表

年份	越南	俄罗斯	美国	阿根廷	日本	澳大利亚	加拿大	印度	乌克兰	中国	世界
2010	2. 30	1. 01	2. 92	2. 61	1. 62	1. 71	2. 95	1. 03	1. 62	1. 77	2. 53
2011	2. 05	1. 43	2. 82	2. 79	1. 60	1. 57	2. 87	1. 03	2. 04	1. 84	2. 38
2012	1. 34	1. 22	2. 69	2. 54	1. 80	1. 46	3. 03	1. 03	1. 71	1. 82	2. 41
2013	1. 29	1. 18	2. 96	2. 77	1. 55	1. 27	2. 88	0. 75	1. 99	1. 76	2. 48
2014	1. 32	1. 21	3. 20	3. 14	1. 76	1. 85	2. 71	0. 77	2. 24	1. 84	2. 68
2015	1. 33	1. 21	3. 23	3. 10	1. 71	1. 93	2. 92	0. 61	2. 21	1. 80	2. 62
2016	1. 64	1. 28	3. 50	3. 13	1. 84	1. 97	2. 97	0. 90	2. 25	1. 79	2. 79

资料来源：根据经济合作与发展组织网站数据库计算整理而得，https：//data. oecd. org/agroutput/crop - production. htm。

从表 4 －1 可以看出，澳大利亚、美国、韩国和日本大米单产最高，中国、阿根廷和越南紧随其后。中国的大米单产水平处在所选 11 个国家中游的位置，高于国际平均水平。

从表 4 －2 可以看出，中国小麦单产在大多数年份排名第一，高于世界平均水平，只在 2000 年、2002 年和 2003 年低于日本。日本则长期排名世界第二。乌克兰的小麦单产历年平均来看处于世界第三。美国、印度、阿根廷的小麦单产在世界平均水平附近波动。

从表 4 －3 可以看出，美国玉米单产高居第一，随后是加拿大、澳大利亚、中国、乌克兰和俄罗斯。中国玉米单产较高，略高于世界平均水平。

从表 4 －4 可以看出，美国、阿根廷、加拿大、乌克兰大豆单产水平较高。中国大豆单产水平低于世界平均水平。

从四大粮食品种整体来看，中国粮食单产水平处于世界中上水平，除大豆外，另外三种粮食品种单产水平均高于世界平均水平。小麦单产排名最高。中国粮食在单产上具有一定的竞争力。

4.1.3 中国与世界主要粮食出口国劳均产量比较

根据农产品市场信息系统（AMIS）数据库的各国年粮食产量数据和国际劳工组织的各国年农业就业人口数，折算出 2000 ~ 2017 年各国劳均粮食产量，见表 4 －5。

表4-5 世界及各国劳均粮食产量对比

单位：千克/人均/年

年份	阿根廷	澳大利亚	巴西	加拿大	中国	乌克兰	美国	越南	世界
2000	235 652.00	25 033.40	2 480.10	48 517.0	328.61	2 325.23	77 124.70	73.68	838.78
2001	188 269.00	29 815.60	2 806.26	53 107.40	351.90	2 927.53	80 189.60	79.60	876.37
2002	145 116.00	18 965.50	2 362.17	45 949.60	380.89	3 004.64	72 142.00	92.72	839.40
2003	99 222.80	41 062.60	3 176.86	59 131.40	372.78	2 833.42	117 982.00	118.26	895.85
2004	111 856.00	34 016.80	2 644.30	60 911.10	425.12	3 991.14	144 045.00	130.72	995.53
2005	140 689.00	41 235.60	2 181.99	56 434.90	474.28	3 105.80	132 394.00	147.59	972.14
2006	137 894.00	21 666.60	2 713.56	51 504.40	536.63	3 428.18	130 064.00	155.18	973.00
2007	177 466.00	30 601.70	3 370.05	65 116.20	562.71	2 668.67	173 198.00	172.48	1 071.21
2008	133 712.00	38 435.70	3 922.48	65 346.00	633.31	4 825.17	150 558.00	180.98	1 148.42
2009	79 753.60	34 986.20	3 447.26	57 684.40	638.13	5 813.24	165 030.00	175.65	1 130.71
2010	134 618.00	30 729.70	3 909.90	59 528.80	720.14	4 898.63	147 177.00	182.53	1 155.01
2011	157 884.00	36 586.10	4 011.29	60 393.70	808.19	7 803.45	143 836.00	191.36	1 214.83
2012	58 299.00	33 952.80	5 345.93	63 110.50	884.19	7 218.88	126 212.00	191.20	1 208.62
2013	368 828.00	41 076.90	6 088.60	73 948.70	960.60	9 633.42	162 786.00	205.90	1 374.20
2014	107 607.00	36 061.50	5 781.10	57 202.00	977.58	13 141.10	166 909.00	205.20	1 413.60
2015	112 301.00	40 519.80	6 031.40	65 831.20	1 042.90	10 750.80	162 172.00	217.40	1 373.90
2016	125 000.00	54 207.30	4 519.40	65 045.90	1 058.60	12 226.00	178 204.00	218.30	1 419.00
2017	146 473.00	32 782.00	7 078.50	66 208.60	1 060.80	11 295.50	170 524.00	218.70	1 445.20

资料来源：根据 AMIS 数据库的各国年粮食产量数据和国际劳工组织的各国年农业就业人口数折算而得，http：//statistics. amis-outlook. org/data/index. html，http：//www. ilo. org/global/statistics-and-databases/lang--en/index. htm。

从表4－5可以看出，美国劳均粮食产量遥遥领先，随后是阿根廷、加拿大和澳大利亚。中国的劳均粮食产量仅高于越南，低于世界平均水平。

4.1.4 中国与世界主要粮食出口国单位面积化肥施用量比较

根据AMIS数据库整理出2002～2014年各主要粮食生产国单位播种面积施用氮、磷、钾肥的情况，见表4－6至表4－8。

表4－6　各国单位播种面积营养氮（N）使用量对比　单位：千克/公顷

年份	阿根廷	中国	法国	德国	日本	俄罗斯	美国
2002	18.52	199.31	112.99	149.02	111.49	5.22	62.29
2003	24.95	204.18	122.00	151.9	114.81	6.80	66.16
2004	25.06	212.09	119.31	146.98	119.07	6.76	67.15
2005	18.89	213.50	113.15	147.5	117.98	6.99	65.63
2006	21.97	224.23	113.43	132.61	113.10	7.41	71.30
2007	26.22	229.40	124.08	149.66	110.64	8.46	70.43
2008	21.01	232.63	108.64	127.81	101.24	9.80	67.42
2009	13.52	237.26	98.57	129.19	94.32	10.02	66.18
2010	19.79	241.92	105.79	148.32	97.86	9.89	69.75
2011	21.55	246.73	100.84	135.85	96.43	10.38	78.08
2012	17.69	250.85	99.29	137.01	95.08	9.72	82.04
2013	18.96	252.16	103.85	138.73	96.35	9.42	80.91
2014	19.41	253.62	113.82	150.97	88.68	9.58	79.06

资料来源：根据联合国粮农组织统计数据库的数据计算整理而得，http：//www.fao.org/faostat/en/#data/EF。

表4－7　各国单位播种面积营养磷肥（P_2O_5）使用量对比　单位：千克/公顷

年份	阿根廷	中国	法国	德国	日本	俄罗斯	美国
2002	9.93	84.60	36.58	27.29	133.45	2.50	22.85
2003	14.18	88.26	38.31	23.61	127.89	2.44	23.99
2004	17.80	92.29	35.06	25.02	134.21	2.67	25.18
2005	15.14	94.73	30.63	22.64	130.25	2.81	24.56
2006	17.25	101.74	28.58	21.93	121.89	2.98	25.23
2007	20.47	104.77	32.65	26.23	127.54	3.31	24.14

续表

年份	阿根廷	中国	法国	德国	日本	俄罗斯	美国
2008	12.03	108.07	15.32	14.37	96.91	3.49	20.99
2009	8.41	111.89	8.55	19.36	81.42	3.19	20.05
2010	17.54	115.27	14.40	23.77	92.38	3.62	21.21
2011	18.22	118.95	12.53	20.46	93.07	3.51	24.83
2012	15.64	122.29	13.10	23.61	85.89	3.48	25.18
2013	15.28	124.29	13.44	23.52	79.43	3.54	27.29
2014	14.80	127.02	9.70	24.95	74.58	3.74	27.04

资料来源：根据联合国粮农组织统计数据库的数据计算整理而得，http：//www.fao.org/faostat/en/#data/EF。

表 4-8　各国单位播种面积养分钾（K_2O）使用量对比　单位：千克/公顷

年份	阿根廷	中国	法国	德国	日本	俄罗斯	美国
2002	0.73	61.43	49.49	39.98	64.52	5.63	25.62
2003	1.31	65.73	50.25	40.43	68.48	1.60	27.53
2004	1.02	70.47	45.64	39.54	75.27	1.82	28.39
2005	1.29	74.21	37.72	35.21	75.12	1.83	26.51
2006	1.04	80.17	37.62	36.69	74.46	1.90	27.65
2007	1.26	84.97	41.02	42.34	87.88	2.27	26.75
2008	1.20	88.71	20.19	14.77	60.85	2.36	22.24
2009	0.40	92.70	7.02	29.87	46.85	2.19	20.52
2010	0.85	97.27	22.47	36.01	52.00	2.35	24.25
2011	0.90	101.37	20.54	32.00	56.62	2.30	27.19
2012	1.11	104.98	17.46	34.99	57.13	2.27	27.05
2013	1.01	107.63	16.06	37.85	60.66	2.07	29.16
2014	0.85	110.34	20.13	38.09	61.59	2.20	29.23

资料来源：根据联合国粮农组织统计数据库的数据计算整理而得，http：//www.fao.org/faostat/en/#data/EF。

从表 4-6、表 4-7、表 4-8 中可以看出，中国单位粮食播种面积的氮肥、磷肥、钾肥施用量均呈上升趋势并于 2008 年超越日本排名第一，且显著高于其他主要粮食生产国。

4.1.5 研究结论

通过以上对中国粮食生产能力的国际对比分析可以看出，中国粮食各品种在单产上处于国际中游水平且大部分都高于国际平均水平，具有一定竞争力。但中国单位粮食播种面积的化肥施用量远远高于其他主要粮食生产国。化肥的大量使用可能是中国粮食单产较高的原因之一，但同时也抬高了粮食生产成本。中国粮食劳均产量低，远远落后于粮食生产发达国家水平，这可能是因为中国单位农业劳动力经营规模过小、机械化程度低所致。低劳均产量和大量化肥使用必然导致中国粮食价格竞争力和农民收入的低迷。

4.2 中国粮食国际市场竞争力分析

4.2.1 研究方法

美国经济学家贝拉·巴拉萨（Bela Balassa）于1965年提出的显示性比较优势指数是在分析国际贸易比较优势中，一种比较常用的方法，采用该指标可以直观地反映出一个国家（地区）某一产业贸易具有的比较优势。金蓓（1996）指出，国际市场占有率是评价产业国际竞争力的客观观测指标。乔娟（2004）用国际市场占有率对比分析了中国大豆的国际竞争力。李立辉和曾福生（2005）用贸易竞争力指数和显示性比较优势分析了湖南大米的国际竞争力。齐涛（2011）用国际市场占有率、贸易竞争力指数、显示性比较优势分析了中国玉米的国际竞争力。刘春香（2005）、刘淑梅（2013）用以上三个指标分析了中国农业国际竞争力。

本书选用国际市场占有率、贸易竞争力指数、显示性比较优势这三个常用指标来对比分析中国粮食的国际竞争力水平。

4.2.1.1 国际市场占有率指标

国际市场占有率指标通常是用来指代一个国家的某种产品，其出口额与世界该种产品出口总额的比值，计算公式为：

$$MS_{ij} = X_{ij}/X_{wj} \tag{4-1}$$

式（4-1）中，MS代表国际市场占有率，X代表出口额，i代表国家或地区，j代表产品，w代表全世界。MS_{ij}的值位于［0，1］之间，经常用百分比表示，其值越高，说明 i 国 j 产品的出口越具有竞争力。

4.2.1.2　贸易竞争力指数

贸易竞争力指数又称贸易竞争优势指数、贸易强度指数。该指数将对外贸易中的出口和进口方面同时考虑进来，其计算公式为：

$$TC_{ij} = (X_{ij} - M_{ij})/(X_{ij} + M_{ij}) \tag{4-2}$$

其中，TC_{ij}为 i 国 j 产品的贸易专业化指数，M_{ij}为 i 国 j 产品的进口值，X_{ij}含义同式（4－1）。此外，该指数还能够用于衡量国际分工的类型。其取值范围介于（－1，1）的区间内。该指数如果越接近 1，就说明其国际竞争力越强；若 $0.3 \leqslant TC \leqslant 1$，则说明该国处于输出型垂直分工的状态；$-0.3 \leqslant TC \leqslant 0.3$，则说明该国为输入型（输出型）水平分工的状态；$-1 \leqslant TC \leqslant -0.3$，则说明该国为输入型分工的状态。因此，当指数越接近－1 的时候，该国的国际竞争力就越弱。

4.2.1.3　显示性比较优势指数（revealed comparative advantage，RCA）

美国经济学家贝拉·巴拉萨（BalassaBela）最早提出显示性比较优势系数法，并于 1965 年测算部分国际贸易比较优势时采用了这种方法，能反映出一个国家产业贸易中的比较优势（付信明，2008）。在计算的过程中，剔除了国家总量波动和世界总量波动对贸易的影响，因此，能够有效地反映出一个国家某一产业的出口与世界平均出口水平比较来看的相对优势，成为一个常用的指标，其计算公式为：

$$RCA_{ij} = (X_{ij}/X_i)/(X_{wj}/\sum X_w) \tag{4-3}$$

其中，RCA_{ij}表示显示性比较优势指数，X_i 表示 i 国的总出口额，X_w 表示世界总的出口额，其他符号的含义同式（4－1）。该指数剔除了国家总量波动和世界总量波动对贸易的影响，因此，能够较好地反映出某件商品的相对优势。在具体的研究过程中，通常在产品的 RCA 指标大于 2.5 时，认为该产业具有很强的国际竞争力，RCA 指数在 1.25～2.5 之间时，认为该产业的竞争力相对比较强；RCA 指数在 0.8～1.25 之间时，则认为该产业在国际上的竞争力处于中等程度；RCA 指数小于 0.8 时，那么认为该产业的国际竞争力是比较弱的。

4.2.2　数据来源与说明

本书选取的数据来自联合国商品贸易数据库、世界贸易组织数据库和联合国粮食与农业组织数据库。最新的贸易量数据以百万吨为单位。以金额为单位的贸易统计数据只更新到2013年。因此，本书选取了2010～2017年的数据对国际市场占有率和贸易强度指数进行分析，选取了2000～2013年的数据进行显示性比较优势的分析。

本书粮食统计范围为联合国粮食与农业组织所统计的商品，主要品种为大米、小麦、玉米三种谷物和大豆（见表4－9至表4－11）。

表4－9　中国与世界8大粮食出口国家和地区粮食品种的国际市场占有率　单位：%

种类	年份	阿根廷	澳大利亚	加拿大	中国	欧盟	乌克兰	印度	泰国	美国
粮食	2010	9.45	8.10	7.39	0.41	9.87	4.24	2.76	3.78	31.36
	2011	10.50	9.46	6.54	0.29	6.90	6.73	5.07	2.16	23.45
	2012	11.49	8.70	7.38	0.33	9.02	7.29	7.77	2.10	16.80
	2013	4.89	7.15	7.52	0.24	11.01	8.96	6.01	3.32	22.57
	2014	7.12	6.26	7.69	0.15	12.73	9.21	3.95	2.67	21.96
	2015	7.94	5.59	6.79	0.15	11.98	10.05	3.06	2.61	20.44
	2016	9.53	7.97	6.19	0.34	8.65	10.96	3.15	2.87	25.03
	2017	10.23	6.34	6.60	0.44	8.90	10.00	3.00	2.65	20.67
大米	2010	1.96	0.84	—	1.31	0.65	0.01	12.89	29.08	8.83
	2011	1.51	1.09	—	0.64	0.47	0.05	25.78	16.55	8.13
	2012	1.30	1.25	—	1.12	0.50	0.05	26.22	16.46	8.21
	2013	1.08	0.97	—	0.86	0.61	0.01	25.28	24.05	6.57
	2014	0.69	0.73	—	0.58	0.53	0	24.80	21.73	7.44
	2015	1.25	0.39	—	0.89	0.63	0	24.21	23.77	8.12
	2016	0.96	0.35	—	2.40	0.70	0	25.01	23.97	7.63
	2017	0.91	0.65	—	3.03	0.74	0	23.37	22.51	7.47
小麦	2010	5.87	14.26	12.86	0.32	17.10	3.30	0.05	0.01	27.61
	2011	7.92	15.43	11.72	0.28	10.51	3.62	1.14	0.01	18.67
	2012	5.04	14.88	12.93	0.29	15.15	5.00	6.04	0.01	19.28
	2013	0.85	11.62	13.97	0.20	19.39	6.15	3.40	0.01	20.02
	2014	2.53	10.62	15.86	0.13	21.83	7.19	1.06	0.01	14.59
	2015	5.15	9.46	13.22	0.09	20.11	10.44	0.48	0.01	12.95
	2016	6.83	12.46	11.41	0.08	14.76	10.21	0.16	0.01	16.65
	2017	6.28	10.37	12.40	0.14	15.77	9.43	0.23	0.01	15.03

续表

种类	年份	阿根廷	澳大利亚	加拿大	中国	欧盟	乌克兰	印度	泰国	美国
玉米	2010	16. 23	0. 01	1. 75	0. 10	1. 15	5. 24	3. 06	0. 29	49. 40
	2011	15. 71	0. 06	0. 42	0. 10	3. 10	13. 31	3. 96	0. 29	41. 62
	2012	21. 10	0. 13	1. 47	0. 04	1. 53	13. 24	4. 83	0. 07	19. 64
	2013	9. 65	0. 06	1. 48	0. 05	2. 29	16. 09	3. 32	0. 87	34. 24
	2014	15. 33	0. 04	0. 56	0. 02	2. 92	14. 53	1. 16	0. 23	36. 64
	2015	13. 43	0. 03	1. 07	0	1. 44	12. 60	0. 46	0. 26	33. 27
	2016	16. 26	0. 06	1. 17	0. 02	1. 89	14. 89	0. 36	0. 43	44. 44
	2017	19. 23	0. 05	0. 98	0. 02	0. 98	13. 28	0. 35	0. 21	33. 56
大豆	2010	0. 1013	0	0. 0297	0. 0021	0. 0011	0. 0108	0. 0004	0. 0001	0. 4438
	2011	0. 0808	0	0. 0292	0. 0053	0. 0011	0. 0142	0. 0003	0. 0001	0. 4081
	2012	0. 0819	0	0. 0331	0. 0028	0. 0005	0. 0140	0. 0005	0. 0001	0. 3559
	2013	0. 0718	0. 0001	0. 0298	0. 0029	0. 0009	0. 0112	0. 0003	0. 0002	0. 3948
	2014	0. 0848	0	0. 0299	0. 0016	0. 0009	0. 0196	0. 0002	0. 0002	0. 3970
	2015	0. 0739	0	0. 0312	0. 0011	0. 0010	0. 0176	0. 0001	0. 0001	0. 4033
	2016	0. 0474	0	0. 0305	0. 0014	0. 0014	0. 0200	0. 0012	0. 0001	0. 3986
	2017	0. 0567	0	0. 0398	0. 0013	0. 0007	0. 0163	0. 0003	0. 0001	0. 3979

资料来源：根据 AMIS 数据库数据折算而得，http：//statistics. amis – outlook. org/data/index. html。

表 4 – 10　　中国与世界 8 大粮食出口国家和地区粮食品种的贸易竞争力指数

种类	年份	阿根廷	澳大利亚	加拿大	中国	欧盟	乌克兰	印度	泰国	美国
粮食	2010	1. 00	0. 99	0. 86	–0. 65	0. 32	0. 98	0. 95	0. 61	0. 89
	2011	1. 00	0. 99	0. 85	–0. 87	0. 17	0. 99	1. 00	0. 33	0. 85
	2012	1. 00	0. 99	0. 90	–0. 87	0. 22	0. 99	1. 00	0. 45	0. 69
	2013	0. 99	0. 99	0. 92	–0. 93	0. 31	0. 99	1. 00	0. 68	0. 81
	2014	1. 00	0. 99	0. 84	–0. 96	0. 47	0. 99	0. 98	0. 44	0. 83
	2015	1. 00	0. 98	0. 85	–0. 96	0. 35	0. 99	0. 90	0. 34	0. 84
	2016	1. 00	0. 99	0. 84	–0. 90	0. 24	0. 99	0. 34	0. 47	0. 86
	2017	1. 00	0. 99	0. 89	–0. 86	0. 20	0. 99	0. 59	0. 52	0. 81

续表

种类	年份	阿根廷	澳大利亚	加拿大	中国	欧盟	乌克兰	印度	泰国	美国
大米	2010	0.98	0.32	—	-0.30	-0.72	-0.90	1.00	0.93	0.68
	2011	0.98	0.54	—	-0.88	-0.75	-0.33	1.00	0.86	0.67
	2012	0.98	0.56	—	-0.84	-0.75	-0.50	1.00	0.88	0.66
	2013	0.98	0.49	—	-0.88	-0.70	-0.92	1.00	0.94	0.60
	2014	0.96	0.38	—	-0.92	-0.76	-0.96	1.00	0.95	0.63
	2015	0.97	0.00	—	-0.88	-0.75	-0.96	1.00	0.95	0.63
	2016	0.96	0.00	—	-0.68	-0.70	-0.94	1.00	0.97	0.64
	2017	0.96	0.33	—	-0.61	-0.69	-0.95	1.00	0.96	0.64
小麦	2010	1.00	1.00	0.98	-0.37	0.66	1.00	-0.50	-0.99	0.89
	2011	1.00	1.00	0.98	-0.75	0.38	1.00	1.00	-0.99	0.84
	2012	1.00	1.00	0.98	-0.75	0.61	1.00	1.00	-0.99	0.81
	2013	1.00	1.00	0.98	-0.91	0.78	1.00	1.00	-0.99	0.77
	2014	1.00	1.00	0.98	-0.80	0.72	0.99	0.84	-0.99	0.74
	2015	1.00	1.00	0.98	-0.92	0.68	0.99	0.32	-1.00	0.80
	2016	1.00	1.00	0.97	-0.94	0.68	1.00	-0.91	-0.99	0.80
	2017	1.00	1.00	0.97	-0.86	0.68	0.99	-0.76	-0.99	0.73
玉米	2010	1.00	—	0.29	-0.88	-0.74	0.98	0.99	-0.21	0.97
	2011	1.00	—	-0.45	-0.95	-0.33	0.99	1.00	0.22	0.97
	2012	1.00	—	0.47	-0.98	-0.75	0.99	1.00	-0.18	0.69
	2013	1.00	—	0.60	-0.96	-0.68	1.00	1.00	0.79	0.94
	2014	1.00		-0.38	-0.99	-0.42	0.99	0.99	0.30	0.97
	2015	1.00	—	0.08	-1.00	-0.74	0.99	0.56	0.44	0.93
	2016	1.00	0.98	0.13	-0.97	-0.68	0.99	0.67	0.62	0.96
	2017	1.00	0.97	0.33	-0.99	-0.84	1.00	0.67	0.33	0.95
大豆	2010	1.00	1.00	0.82	-0.99	-0.98	1.00	0.95	-0.99	0.98
	2011	0.99	0.33	0.85	-0.98	-0.98	1.00	0.94	-0.99	0.98
	2012	0.94	-1.00	0.86	-0.99	-0.99	1.00	0.96	-0.99	0.95
	2013	1.00	0.80	0.82	-0.99	-0.98	1.00	0.94	-0.98	0.92
	2014	0.98	0.67	0.84	-0.99	-0.98	0.99	0.50	-0.98	0.97
	2015	0.92	-1.00	0.86	-1.00	-0.98	1.00	-0.67	-0.99	0.98
	2016	0.63	-1.00	0.86	-1.00	-0.97	1.00	0.57	-0.99	0.98
	2017	0.69	0.67	0.92	-1.00	-0.98	1.00	-0.09	-0.99	0.98

资料来源：根据 AMIS 数据库数据折算而得，http：//statistics. amis - outlook. org/data/index. html。

表4－11　中国与世界11大粮食出口国粮食品种的显示性比较优势指数

种类	年份	德国	法国	越南	中国	加拿大	乌克兰	印度	泰国	美国	阿根廷	俄罗斯	澳大利亚
粮食	2000	0.25	2.02	8.67	1.26	1.80	0.67	0.40	4.40	3.35	21.79	5.57	7.10
	2001	0.27	1.68	7.39	0.73	1.82	2.91	0.12	4.38	3.42	23.70	6.29	6.68
	2002	0.27	1.67	7.74	0.93	1.50	7.16	1.27	4.30	3.86	21.92	5.27	6.36
	2003	0.21	1.79	6.55	1.07	1.52	1.52	1.56	4.17	4.43	24.73	5.47	4.11
	2004	0.21	1.87	7.32	0.27	1.96	2.81	0.82	5.78	4.60	24.82	4.72	7.10
	2005	0.22	2.03	10.30	0.47	16.86	6.47	0.29	4.94	4.34	28.80	4.81	5.06
	2006	0.27	2.04	8.02	0.29	2.34	5.39	0.02	5.01	4.70	24.70	3.82	5.44
	2007	0.22	1.81	6.11	0.33	2.42	1.86	0	4.60	5.05	27.70	4.39	2.41
	2008	0.21	1.35	4.77	0.07	1.77	3.60	0	3.69	3.57	15.80	2.39	1.43
	2009	0.37	1.99	7.81	0.11	3.37	12.00	0	5.79	5.22	13.50	2.51	3.55
	2010	0.30	2.17	7.69	0.06	2.68	4.41	0	4.75	5.10	24.10	3.93	3.11
	2011	0.25	2.48	6.01	0.05	2.58	7.96	0.07	4.68	5.05	23.50	3.84	3.39
	2012	0.30	2.06	4.91	0.05	2.91	15.50	0.70	3.18	4.44	22.90	3.29	4.28
	2013	0.35	2.50	2.05	0.05	3.16	16.40	0.98	3.30	4.17	21.10	3.33	4.00

续表

种类	年份	德国	法国	越南	中国	加拿大	乌克兰	印度	泰国	美国	阿根廷	俄罗斯	澳大利亚
大米	2000	0.11	0.18	59.80	3.03	0.01	0	20.00	30.80	1.39	5.10	1.30	4.66
	2001	0.09	0.26	57.60	1.85	0.01	0	2.26	33.70	1.36	4.02	1.07	4.04
	2002	0.09	0.22	55.40	1.55	0.01	0	30.70	30.50	1.43	2.37	0.57	1.69
	2003	0.09	0.21	50.80	1.61	0.01	0	21.50	32.30	2.02	2.72	0.60	1.18
	2004	0.07	0.24	48.50	0.53	0.01	0	25.60	37.20	1.90	2.84	0.54	0.44
	2005	0.07	0.20	65.60	0.45	0.11	0.01	20.90	31.20	2.11	3.31	0.55	0.44
	2006	0.07	0.19	50.30	0.67	0.01	0.04	19.90	30.70	1.93	4.56	0.71	2.08
	2007	0.06	0.15	41.50	0.54	0.01	0.08	25.50	30.50	1.62	3.59	0.57	1.14
	2008	0.05	0.10	32.80	0.25	0.01	0.03	9.41	24.60	1.22	2.39	0.36	0.19
	2009	0.07	0.14	42.90	0.41	0.02	0.03	12.90	30.50	1.90	4.47	0.83	0.15
	2010	0.06	0.16	47.90	0.29	0.01	0.04	10.80	28.90	1.95	3.81	0.62	0.28
	2011	0.07	0.12	38.90	0.23	0.01	0.03	13.40	29.70	1.49	4.33	0.71	0.90
	2012	0.06	0.10	32.13	0.14	0.01	0.19	20.80	20.50	1.36	4.06	0.58	1.40
	2013	0.06	0.13	12.93	0.20	0.01	0.20	26.80	20.10	1.41	3.59	0.56	1.50

续表

种类	年份	德国	法国	越南	中国	加拿大	乌克兰	印度	泰国	美国	阿根廷	俄罗斯	澳大利亚
小麦	2000	0. 54	3. 27	0	0	4. 29	0. 85	8. 67	0	2. 07	22. 07	5. 64	16. 59
	2001	0. 58	2. 64	0	0. 08	4. 31	6. 31	1. 04	0	2. 04	21. 57	5. 73	15. 55
	2002	0. 59	2. 48	0	0. 10	3. 67	17. 90	14. 89	0	2. 47	20. 19	4. 85	16. 32
	2003	0. 51	3. 50	0	0. 34	4. 17	1. 96	14. 73	0	3. 07	17. 86	3. 95	12. 35
	2004	0. 40	3. 05	0	0. 10	4. 53	4. 54	13. 11	0	3. 25	20. 28	3. 86	18. 35
	2005	0. 49	3. 57	0	0. 03	41. 79	12. 80	10. 89	0	3. 25	21. 36	3. 57	14. 50
	2006	0. 62	3. 73	0	0. 11	5. 69	10. 60	9. 44	0	2. 80	21. 73	3. 36	14. 17
	2007	0. 51	3. 69	0	0. 23	6. 08	2. 24	13. 32	0. 01	4. 17	20. 99	3. 33	6. 61
	2008	0. 53	2. 77	0	0. 01	4. 44	7. 21	5. 23	0	2. 64	10. 86	1. 64	4. 09
	2009	1. 03	4. 14	0	0	8. 83	23. 40	9. 11	0	2. 67	9. 37	1. 74	11. 08
	2010	0. 97	5. 66	0	0	7. 28	9. 24	7. 92	0	3. 28	8. 66	1. 41	11. 26
	2011	0. 65	5. 54	0	0	6. 11	7. 53	8. 41	0	3. 80	14. 32	2. 34	10. 11
	2012	0. 75	4. 30	0	0	6. 45	16. 30	13. 91	0	2. 52	18. 63	2. 67	12. 57
	2013	0. 92	5. 40	0. 01	0	7. 12	14. 80	18. 27	0. 09	3. 33	4. 35	0. 69	11. 62

续表

种类	年份	德国	法国	越南	中国	加拿大	乌克兰	印度	泰国	美国	阿根廷	俄罗斯	澳大利亚
玉米	2000	0. 11	2. 77	0. 10	2. 94	0. 10	1. 68	0. 10	0. 60	0. 12	26. 85	6. 86	0. 09
	2001	0. 12	2. 46	0. 21	1. 67	0. 07	1. 69	0. 03	0. 27	0. 11	26. 41	7. 01	0. 08
	2002	0. 12	2. 65	0. 03	2. 38	0. 11	3. 09	0. 18	0. 31	0. 09	23. 95	5. 76	0. 08
	2003	0. 15	2. 44	0. 30	2. 74	0. 11	4. 24	0. 88	1. 19	0. 10	28. 38	6. 28	0. 05
	2004	0. 20	2. 78	0. 41	0. 45	0. 16	7. 43	1. 66	0. 24	0. 11	28. 30	5. 39	0. 04
	2005	0. 16	3. 13	0. 02	1. 36	1. 28	4. 55	0. 68	0. 52	0. 17	32. 03	5. 35	0. 03
	2006	0. 16	2. 61	0. 01	0. 42	0. 12	2. 69	0. 89	0. 51	0. 14	26. 73	4. 13	0. 02
	2007	0. 12	2. 07	0. 00	0. 54	0. 24	4. 18	2. 98	0. 51	0. 09	30. 55	4. 84	0. 02
	2008	0. 07	1. 58	0. 03	0. 02	0. 25	19. 40	1. 67	1. 22	0. 04	20. 91	3. 15	0. 03
	2009	0. 14	2. 96	0	0. 02	0. 23	7. 49	2. 44	0. 56	0. 09	21. 93	4. 08	0. 03
	2010	0. 12	2. 73	0	0. 02	0. 49	17. 70	1. 82	0. 46	0. 10	36. 92	6. 01	0. 02
	2011	0. 12	2. 66	0. 01	0. 02	0. 49	36. 90	2. 18	0. 26	0. 06	32. 82	5. 36	0. 04
	2012	0. 18	2. 80	0. 04	0. 03	0. 43	40. 60	2. 49	0. 58	0. 10	42. 01	6. 02	0. 09
	2013	0. 17	3. 09	0. 03	0. 01	0. 85	1. 00	2. 71	0. 33	0. 15	47. 32	7. 45	0. 12

续表

种类	年份	德国	法国	越南	中国	加拿大	乌克兰	印度	泰国	美国	阿根廷	俄罗斯	澳大利亚
大豆	2000	0	0.01	0.67	0.25	0.58	0.08	0.33	0	6.04	26.22	6.70	0.04
	2001	0	0.00	0.46	0.23	0.39	0.02	0	0	5.59	35.08	9.31	0.03
	2002	0.01	0.01	0.31	0.20	0.44	0.03	0.01	0	6.42	34.50	8.29	0.03
	2003	0.01	0.02	0.17	0.13	0.54	0.27	0.65	0	6.78	38.55	8.53	0.01
	2004	0.01	0.02	0.20	0.22	0.83	0.25	0.01	0.01	6.96	42.85	8.16	0.04
	2005	0.01	0.02	0.21	0.21	8.55	1.01	0.02	0.01	6.27	51.16	8.55	0.02
	2006	0.01	0.03	0.20	0.17	1.15	1.74	0.01	0.01	7.15	41.00	6.34	0.01
	2007	0.01	0.02	0.14	0.13	1.17	1.54	0.01	0.01	6.65	47.52	7.53	0.01
	2008	0.01	0.01	0.07	0.10	0.72	0.42	0.04	0	5.16	24.84	3.75	0
	2009	0.01	0.01	0.15	0.12	1.80	1.23	0.04	0	9.14	17.51	3.25	0.02
	2010	0.01	0.02	0.10	0.04	1.72	0.69	0.02	0	7.41	37.51	6.10	0
	2011	0.01	0.03	0.10	0.05	1.81	3.88	0.03	0	7.57	36.62	5.97	0
	2012	0.01	0.03	0.06	0.07	2.51	5.37	0.06	0	8.43	22.33	3.20	0
	2013	0.01	0.02	0.05	0.05	2.34	6.63	0.19	0.01	7.70	27.85	4.39	0.02

资料来源：根据联合国商品贸易库和联合国粮农组织数据库数据折算而得，https：//comtrade. un. org/，http：//www. fao. org/statistics/zh/。

4.2.3 实证结果及分析

根据所获得的数据资料，可以计算出上述三个指标来评估我国粮食出口的国际竞争力，结果及分析如下。

（1）从表4－9显示的2010～2017年粮食市场国际占有率来看，美国粮食国际竞争力最强且领先优势明显。欧盟及阿根廷、澳大利亚、加拿大等国的粮食国际竞争力较强，在不同年份分列第二到第四位。中国的粮食国际市场竞争力极低，排名最后一位。值得注意的是乌克兰的粮食国际竞争力从2010年开始一路走高，到2017年已经排在所比较国家中的第三位。

表4－9显示了各国和地区各粮食品种的国际市场占有率。小麦国际竞争力最强的是美国，加拿大和澳大利亚在第二和第三交替。如果把欧盟看作一个整体，则其小麦国际市场竞争力排名领先前述国家排名第二；乌克兰小麦国际竞争力提升迅速；中国排名垫底。大米国际竞争力最强的是印度和泰国，两国合计占据国际大米市场的约一半，其次是美国。中国大米及其他国家和地区在国际大米市场中占比都较低，其中加拿大没有大米生产数据。玉米国际竞争力最强的是美国，几乎占据一半的国际市场份额；随后是阿根廷和乌克兰；其他国家和地区占比较低，显示出较弱的竞争力；中国排名仍然垫底。

从粮食总出口和各粮食品种的国际市场占有率来看，中国的粮食产业国际竞争力在主要农业出口国家和地区中都排名靠后。其中，大米产业竞争力略强，玉米、大豆竞争力最低。

（2）从表4－10显示的贸易竞争力指数来看，除中国和欧盟外，各国和地区在粮食总类别上得分都接近于1，表现出很强的国际竞争力，呈现出输出型垂直分工的格局，中国得分接近－1，表明中国粮食贸易竞争力非常薄弱。

表4－10显示了各国和地区各品种的贸易专业化指数。阿根廷、澳大利亚、加拿大、乌克兰的小麦贸易专业化指数的得分为满分或接近满分，显示出极强的竞争力，美国紧随其后。印度、阿根廷大米贸易竞争力最强，泰国、美国排名第三和第四，中国和乌克兰竞争力最弱，呈现净进口的贸易状态。阿根廷、美国、乌克兰和印度的玉米国际竞争力较强，排名前四位，中国玉米贸易竞争力最弱，澳大利亚的玉米贸易在2016年和2017年两年呈现出极强的竞争力，但之前的数据缺失。乌克兰、阿根廷、美国在大豆贸易专业化指数上排名前三，中国则垫底。

从贸易专业化指数来看，中国的粮食在总体上和各品种上都缺乏竞争力。

其中在我国出口的三种主要粮食品种中，大米的贸易竞争力表现稍好，玉米贸易竞争力最弱，这可能跟国家对大米等重要粮食生产的扶持政策有关。

（3）从表4－11显示的显示性比较优势指数来看，除中国和德国竞争力较弱以外，阿根廷、越南、俄罗斯、澳大利亚、美国、泰国、乌克兰、加拿大等国的粮食出口具有极强竞争力，其他国家具有较强竞争力。

表4－11显示了各国各粮食品种的显示性比较优势指数。越南、泰国、印度在大米出口上具有极强竞争力，中国在2003年以前在大米产业具有较强竞争力，2004年以后逐渐变弱。澳大利亚、加拿大、法国、印度、乌克兰、美国、俄罗斯在小麦上出口上显示出极强的竞争力，中国在小麦出口上几乎不具有任何竞争力。阿根廷、乌克兰、俄罗斯、法国在玉米出口上具有极强的竞争力。和中国大米相似，中国玉米在2003年以前具有较强竞争力，从2004年开始竞争力变得很弱。综合来看，中国在粮食总出口和各粮食品种上竞争力都很弱，并且呈现出越来越弱的趋势。

4.2.4 结论与启示

（1）从国际竞争力来看，中国粮食总体和各品种的国际竞争力都十分薄弱。对比各单品，大米的市场份额相对其他产品较高，但在出口国之间横向比较太小。

（2）从竞争力发展趋势来看，中国粮食在总体上和各单品上都呈现急剧下降趋势，当前玉米、小麦的国际竞争力几乎为零。

上述结论启示，我国粮食产业的国际竞争力严重不足并呈持续下降的趋势。如果不及时采取有效改革措施，农民收益、粮食产业安全和国家粮食安全都将受到严重威胁，中国粮食供给侧结构性改革刻不容缓。

4.3 中国粮食各生产要素贡献率的实证分析

本节拟通过回归分析的方法，来考察对中国粮食产量增速变化影响的因素。

4.3.1 理论分析与研究假设

4.3.1.1 理论分析

舒尔茨（1964）在《改造传统农业》中强调了技术变化对改造传统农业

的重要意义。他认为技术变化是改造传统农业所需的低价的持久收入流的来源，同时舒尔茨把人力资本作为农业经济增长的主要源泉。速水佑次郎（1999）在《农业经济论》中通过对日本粮食产业的分析指出，日本在第二次世界大战后粮食生产效率的提升来源于耕种技术的有效开发利用，在日本完成工业化和进入人口老龄化之后，农业生产加大资本投入改善农业基础设施，通过机械化耕种减少劳动力依赖，农业生产方式从提高土地生产率向提高劳动生产率转变，实现了高效的粮食生产。朱晶（2003）通过对中国粮食产业的实证研究认为，农业公共投资和私人成本存在替代效应。可以认为，劳动力、耕作技术、农业固定资本等要素影响了粮食产出。根据经典的生产函数模型

$$Q = f(L, K, N, E) \tag{4-4}$$

可知产出是劳动、资本、土地、企业家才能的函数。式（4-4）中Q表示产量，L表示劳动，K表示资本投入，N表示土地，E表示企业家才能。对固定产品，在短期内技术条件不变，企业家才能难以衡量，生产函数可简化为：

$$Q = f(L, K) \tag{4-5}$$

固定替代比例生产函数把这个简化的生产函数表示为：

$$Q = aL + bK \tag{4-6}$$

式（4-6）中Q表示产量，L表示劳动，K表示资本投入，常数a，b>0，分别为劳动和资本的生产技术系数。

短期内，对固定产品，若劳动和资本在生产中的比例保持不变，则可以固定投入比例生产函数来表示：

$$Q = \min\{cL, dK\} \tag{4-7}$$

式（4-7）中Q表示产量，L表示劳动，K表示资本投入，常数c，d>0，分别为劳动和资本的生产技术系数。

长期来看，以上两种甚至多种生产要素都可能发生变化。数学家柯布（C. W. Cobb）和经济学家道格拉斯（Paul H. Douglas）于20世纪30年代提出柯布—道格拉斯生产函数来刻画产出和各生产要素的关系：

$$Y = A(t)L^{\alpha}K^{\beta}\mu \tag{4-8}$$

式（4-8）中L表示劳动，K表示资本投入，t表示技术。A、α、β为

三个参数，且 $0<\alpha$、$\beta<1$。α、β 分别表示劳动和资本在生产中所占的相对重要性。α 为劳动所得在总产量中所占的份额，β 为资本在总产量中所占的份额。

朱晶（2003）通过对中国粮食产业的实证研究认为，农业公共投资和私人成本存在替代效应。

4.3.1.2 研究假设

基于以上理论分析，本书假定影响粮食产量的因素有土地、劳动力、技术、资本投入等要素。在短期内，各要素具有替代关系；在长期内，这些要素中的若干个能够进行调整优化。

4.3.2 研究设计

4.3.2.1 样本选取与数据来源

基于数据的可获得性，本书拟以1978～2016年粮食产量作为被解释变量，以粮食播种面积、农业人口、耕种技术（以农业机械总动力和化肥农药总产量为代表）、农业固定资本（含政府投入和农户投入）作为解释变量，稻谷、小麦、大豆、玉米的政府最低收购价和农业税则作为虚拟变量，对影响粮食产量的各要素进行回归分析。

4.3.2.2 研究模型

本书建立以下时间序列计量模型：

$$Y_i = \beta_0 + \beta_i X_i + \lambda_i D_j + \mu_i \tag{4-9}$$

其中，Y_i 为被解释变量；X_i 为核心解释变量；D 为以虚拟变量形式的控制变量；β_0 为截距项；$i=1, 2, 3$；$j=1, 2, 3, 4$。

由于是时间序列，为了消除趋势波动及自相关的影响，被解释变量与核心解释变量均采用自然对数形式。即被解释变量为中国粮食总产量（lnYield），核心解释变量为：粮食播种面积（lnLand），固定资产投资完成额（lnInvestment），乡村就业人员（lnLabor），农用机械总动力（lnPower）；控制变量 D_j 为：农业税（D_{Tax}），稻谷最低保护价（D_{Rice}），小麦最低保护价（D_{Wheat}），玉米最低保护价（D_{Maize}），大豆最低保护价（$D_{Soybean}$）。

4.3.3 实证研究结果及分析

时间序列回归参数估计结果出现偏差的原因，主要是自相关造成的[①]。除了上述的对数处理，广义最小二乘法（FGLS）也可以用于减轻自相关的影响，但FGLS有效的前提是对自相关系数的估计较准确，且满足严格的外生性的假定。若不满足严格外生性，FGLS很可能是不一致的，此时的OLS仍然是一致的，在这种情况下，FGLS不如OLS稳健。表4－12给出了OLS的参数估计与检验结果。其中，BG检验、Q检验和DW检验均为自相关检验，其原假设均为“无自相关”。没有对时间序列模型进行单位根等平稳性检验，因为这里已经作自然对数处理了，可以在很大程度上减轻波动性的影响。由于客观原因，样本数只有39个，如果加入过多的变量会消耗太多的自由度，反而会影响估计结果。

运用Stata12.0对1978～2016年的数据进行回归，回归结果如下：

表4－12 OLS参数估计与检验结果

解释变量	被解释变量：lnYield						
	模型（1）	模型（2）	模型（3）	模型（4）	模型（5）	模型（6）	模型（7）
lnLand	1.271*** (5.54)	1.138*** (5.15)	1.440*** (6.59)	1.434*** (6.44)	1.590*** (7.89)	1.586*** (7.75)	1.406*** (6.57)
lnInvesetment	0.096*** (10.29)	0.081*** (7.68)	0.079*** (8.39)	0.078*** (8.19)	0.060*** (5.85)	0.060*** (5.73)	0.072*** (7.04)
lnLabor	0.131** (2.07)	0.257*** (3.28)	0.330*** (4.49)	0.332*** (4.44)	0.242*** (3.40)	0.247*** (3.37)	0.337*** (4.67)
lnPower	0.037** (2.25)	0.0245 (1.50)	0.0120 (0.80)	0.012 (0.78)	0.118*** (3.29)	0.117*** (3.21)	0.029 (1.52)
D_{Tax}	—	-0.076** (-2.45)	-0.026 (-0.83)	-0.017 (-0.41)	0.300*** (2.83)	0.297*** (2.75)	—
D_{Rice}	—	—	0.085*** (3.14)	0.080** (2.55)	0.043 (1.44)	0.043 (1.43)	0.073** (2.33)

① 伍德里奇著，费剑平译：《计量经济学导论》（第四版），中国人民大学出版社2010年版。

续表

解释变量	被解释变量：lnYield						
	模型（1）	模型（2）	模型（3）	模型（4）	模型（5）	模型（6）	模型（7）
D_{Wheat}	—	—	—	0.015 (0.34)	0.002 (0.05)	0.002 (0.06)	-0.011 (-0.24)
D_{Maize}	—	—	—	—	0.292*** (3.19)	0.296*** (3.17)	0.059 (1.49)
$D_{Soybean}$	—	—	—	—	—	-0.009 (-0.40)	-0.014 (-0.57)
截距项 β_0	-6.449** (-2.15)	-5.977** (-2.13)	-10.2*** (-3.60)	-10.2*** (-3.53)	-12.1*** (-4.64)	-12.0*** (-4.57)	-10.0*** (-3.58)
R^2	0.9526	0.9599	0.9693	0.9694	0.9772	0.9773	0.9714
调整 R^2	0.9470	0.9538	0.9639	0.9625	0.9711	0.9703	0.9638
F 值	170.8***	158.0***	168.5***	140.5***	160.6***	138.8***	127.3***
BG 检验 P 值	0.0823*	0.1820	0.2315	0.1832	0.1313	0.1554	0.3190
Q 检验 P 值	0.9414	0.5531	0.9068	0.8960	0.2497	0.3310	0.8614
DW 检验 P 值	1.4026	1.5505	1.6079	1.5744	1.4947	1.5240	1.68
样本数	39	39	39	39	39	39	39

注：*、**、*** 分别表示10%、5%和1%的显著性水平；括号中数值为t统计值。

关于表4-12各模型的解释如下：

模型（1）中，不考虑控制变量的情况下，各解释变量的变化率对粮食总产量增产率的影响在不同水平上显著；

模型（2）中，农业技术变化率影响不显著，其他各解释变量在不同水平上显著，其中农业税的影响为负；

模型（3）中，农业税和农业技术的变化率的影响不显著，其余各项在不同水平上显著；

模型（4）中，粮食播种面积、固定资产投资总额、乡村就业人员、水稻最低收购价的变化率的影响在不同水平上显著；

模型（5）中，稻谷和小麦最低收购价的变化率的影响不显著，其余各项显著；

模型（6）中，稻谷、小麦、大豆最低收购价的变化率的影响不显著，其余各项显著；

模型（7）中，粮食播种面积、固定资产投资总额、乡村就业人员、稻谷最低收购价变化率的影响在不同显著性水平下显著，其余各项不显著。

4.3.4 结论与启示

根据回归结果，可以得到以下结论。

第一，从整体上来看，1978～2016年，中国粮食总产量增长率的变化，主要是跟播种面积、农业劳动力和农业固定投资的增长率相关。

第二，技术因素只在模型（1）、模型（5）和模型（6）中显著，这可能与我国农业技术的推广体系不力和农地分散不利于机械动力的作用发挥，以及化肥长期过量使用边际效应递减有关系。在不考虑任何最低保护价的时候，即在模型（5）中，农业税的实施是不利于粮食总产量的提高的。

第三，在实施农业税，且考虑最低保护价的时候，农业税变化率对粮食产量的增长率的影响与常识有一定出入：模型（3）和模型（4）农业税的影响并不显著；而在模型（5）和模型（6）中，农业税的实施反而有利于粮食总产量的提升。这可能是由于其他科技的影响，比如品种改良、耕作技术进步造成的。但是由于数据可获得性的原因，本书暂时无法考察这些因素的影响。

根据以上结论，可以得到以下启示：

应该加大农业固定投资，改善农业基础设施条件；人力资本对粮食产量具有积极影响，在农业比较收益下降、农业人口转出的情况下，可通过加强农业职业教育，提升人力资本存量；最低收购价对粮食产量变化影响不显著，可加快改革；加大农业科研和农机推广力度，提升技术因素对粮食生产的影响。

4.4 本章小结

通过国际对比的实证分析发现，中国粮食产能的国际竞争力较弱。中国粮食劳均产出显著低于主要粮食出口国平均水平，而单位面积化肥施用量显著高于各主要粮食出口国。中国粮食在单位耕地面积产出上排名靠前，这可能是因为中国粮食生产超高的化肥施用量和劳动投入，而这在推高粮食生产成本的同时降低了粮食质量，这在中国粮食国际市场竞争力的相关分析中得到了证实。中国粮食整体和各品种在国际市场占有率、贸易竞争力指数和显示性比较优势指数三项指标上都基本排名垫底，显示国际竞争力极弱。通过回归分析可以看出，粮食播种面积、农业劳动力、资本投入等对粮食产量有显著影响，对粮食供给侧结构性改革具有重要启示意义。

第5章

中国粮食供给侧结构性改革案例分析：以崇州市为例

崇州是隶属于四川省成都市的县级市，素有“西蜀粮仓”的美誉，是粮食主产区。该市常住人口67万人，其中农村劳动力36.95万人。崇州市总土地面积为1 090.17平方公里。其中，山地面积471.52平方公里，丘陵面积54.95平方公里，平原面积563.7平方公里。山、丘、坝内共有水域10万亩，崇州市大体形成了“四山一水五分田”的土地结构。作为典型的粮食主产区，崇州市遇到了中国粮食产业共有的一些问题。经过政府牵头、多方合作，崇州市探索了一条行之有效的粮食供给侧结构性改革之路，取得了较好的成效。截至2016年，崇州市全年粮食播种面积达到41 309.6公顷，粮食总产量273 201吨；油料种植面积11 103.53公顷，总产量24 732吨。崇州市共有农业机械总动力达40.9万千瓦，拥有大中型拖拉机1 219台，小型拖拉机5 048台，联合收割机901台；全年机耕作业面积49 267公顷，机电灌溉作业面积8 000公顷，机播面积30 666公顷，机收面积41 553公顷，全市农机化率达80%①。

5.1 崇州市粮食供给侧结构性改革前的情况

崇州农村劳动力36.95万人，外出务工人员比例高达73.4%。作为粮食主产区，由于种粮收益低、农村劳动力大规模流出，农业出现较严重的被“边缘化”趋势。崇州市的粮食产量从1998年的38.51万吨降到2013年的30.05万吨，其粮食生产能力在全国粮食产量持续上升时却出现了下降；在

① 《崇州市2016年国民经济和社会发展统计公报》。

经营规模上，由于户均占有土地面积小，2013年崇州市人均耕地面积仅为0.87亩[①]，土地耕作一直呈现细碎化、粗放生产的方式；种粮收益偏低导致大量青壮年劳动力向二三产业大量转移，务农劳动力出现老龄化趋势。传统农业经营格局发生重大变化，农业兼业化、劳动力弱质化、生产非粮化、农业现代化水平低等问题越来越突出，农业发展面临严峻挑战。农村人口的外流和就业结构的变化，使得崇州的农业发展面临着“谁来种田”“种怎样的田”“怎样种田”等问题，急需探索新型农业经营方式。

改革前崇州市粮食产业存在的主要问题可以概括为：由于农地产权分散、土地细碎化，不利于集中连片实行规模化经营；优质劳动力外流，农业劳动力呈现老龄化、弱质化趋势；由于经营规模小，农业基础设施投入力度不足，农业社会化服务发展滞后。此外，由于粮食生产周期长，效益低，农业种植逐渐向经济型作物转变。崇州市曾尝试引进龙头企业，由粮食企业雇用农民从事生产。由于当时劳动力的弱质化，以及未很好地解决企业与农民的委托代理问题，加之企业自身存在市场经营风险，这一尝试也遭遇失败。

5.2 崇州市粮食供给侧结构性改革措施：“农业共营制”

5.2.1 推行“职业经理人”制度解决谁来种地的问题

崇州市尝试了多种形式来试图解决粮食产业的边缘化发展问题。最初，崇州市尝试通过鼓励农地流转来实现规模经营，因为流转农户经验不足、市场竞争力弱而失败。引进龙头企业租赁农业用地却因为公司在经营方面出现了一些问题，而没有取得比较理想的效果。2009年引进的鹰马龙公司在经营的过程中，面对想要退回3 000余亩农地的问题时，农民不接受已出租的土地被退回，要求当地政府承担责任。崇州当时的农业生产面临严重的没有合适的人来种粮食的问题。

2009年，时任崇州市农村发展局副局长的张伦全为了能够突破现阶段的

① 程国强、罗必良、郭晓明：《“农业共营制”：我国农业经营体系的新突破》，载于《农村工作通讯》2014年第12期，第8~14页。

困局，保障当地农业的稳定发展，在崇州市农村发展局（以下简称“农发局”）内部选择了一人来尝试对土地进行试点经营，探索土地管理、经营、增收方法。之所以选择农发局内部人员试点，主要是没有经验可以借鉴，假如是外界人来试点，可能信息不准确导致结果不准确，极易挫伤试点人的积极性，让试点项目搁浅。实践证明，这种风险性试点对“农业共营”模式日后在全市推广，积累了丰富而有实战性的经验。

从2010年开始，崇州“被迫”要开展新的试验。前述鹰马龙公司退租的3 000余亩农地被划成了300～500亩大小不等的地块①，在政府的带领下，动员了广大农民群众，引进种田能手来经营水稻，取得了较好的效果。2010年，崇州市运用了土地承包经营权登记确权颁证的方式，推进农业经营规模化。同年5月，该市隆兴镇黎坝村15组的30户农民自愿以确权颁证后的101.27亩土地承包地经营权入股②，发起成立了杨柳土地股份合作社，崇州率先在全国探索成立土地承包经营权股份合作社。

这一创举对于深化产权改革、构建土地流转长效机制、实现适度规模经营、促进生产方式转变有着积极意义。崇州市通过推进土地股份合作经营的方式，有效地解决了农业“谁来经营”的迫切问题。目前，在崇州市已经取得了较好的效果，共计组建土地股份合作社达225个，面积达31.06万亩，占全市耕地面积的一半以上，达到了59.57%；入社的农户达到9.09万户，同样占全市农户的一半以上，达到了59.14%③。土地入股保底分红和经营收入分红成为农民将土地承包经营权入股合作社的主要收益。

崇州市在探索农业发展之路上，通过转变农业发展方式为突破口，搭建“四大平台”，有效地解决了农业“谁来种田”的问题。崇州市鼓励有志于投身农业的大学毕业生、返乡农民工、农机农技能手报名参加农业职业经理人培训。学员经过理论学习和实际操作，修够学分就能拿到农业职业经理人的资格证书。之后还可以通过不断进修，完成从初级向中级、高级的晋升。目前，该市上岗农业职业经理人已达800多人④。崇州市积极搭建农业职业培训的平台，同时崇州市还探索对职业农民的“双培训”机制，培育出一批具

---

① 程国强、罗必良、郭晓明：《“农业共营制”：我国农业经营体系的新突破》，载于《农村工作通讯》2014年第12期，第8～14页。

② 陈曦：《成都崇州市推行“农业共营制”探索谁来种地》，人民网，http：//sc. people. com. cn/n/2015/0820/c345509－26058090. html。

③④ 李淼：《农业共营制：转变农业发展方式的崇州实践》，《四川日报》2018年3月7日，http：//epaper. scdaily. cn/shtml/scrb/20150724/105882. shtml。

有“农业职业经理人+职业农民”特点的全能人才，形成了现代化农业服务。同时，积极解决农民社保、医疗保险等问题，为农民解决后顾之忧。崇州市还对农业职业经理人参加城镇职工养老保险进行补贴。这些措施使崇州市成为全国新型职业农民培育试点县。如今，崇州市的土地股份合作社形成了“理事会+农业职业经理人+监事会”运行机制，理事会主要进行决策，代表社员的心声，决定着粮食种子品种的选择，解决了“种什么”的问题；农业职业经理人则负责粮食生产过程的管理，即解决了“怎样种”“如何种”的问题。土地股份合作社按照这种方式实现了科学化、专业化种田。

5.2.2　建立一站式服务平台解决谁来服务问题

在解决“谁来种田”问题的同时，崇州市还通过多种手段不断完善农业社会化服务体系。崇州市成立了农业专家大院，主要是由225名具有相关专业知识和技能的专家组成，形成了一个强有力的推广团队，逐渐建立成一个完善的服务体系。崇州市还引入社会资本和公益性服务资源，积极搭建平台，形成“一站式”的创新服务平台，为农民减少了环节中的不必要麻烦。现今，崇州市已建成10个农业服务的超市、11个粮食的烘储中心，同时农机化率达到了70%，服务面积更是达到了20余万亩之多。

此外，在“互联网+”潮流下，崇州农业加快推行O2O模式，打造出“天府牌、成都味”农产品品牌，通过“互联网+”的电商商业模式打造“线上线下”快速物流通道，提升了现有品牌的营销效果和品牌溢价率。在政府引导、多方合作、市场调节的机制下，崇州市成功解决了农业“谁来服务”的问题。

5.3　崇州市粮食供给侧结构性改革后的成果

经过几年的经营实践，崇州市探索出了一条独具特色的“农业共营制”模式。这种模式的基础是家庭拥有的土地承包经营权，以土地入股成立土地股份合作社；然后聘请经过理论和技术培训、持证上岗的农业职业经理人负责生产经营；最后建立为农业适度规模经营服务的一站式的专业化服务体系，最终形成包含农户、职业经理人、土地股份合作社和农业社会化服务组织等多个主体的新型农业经营体系。

截至2016年，崇州市拥有农民合作社1 100家，家庭农场175家，全市土地适度规模经营率达60%以上，粮食适度规模经营率达70%以上；全市建成粮油烘储中心20个、粮食加工中心5个；搭建“土而奇”公用电商平台、“龙门山里来”和“蜀禾采”等本土电商平台，推出崇州“稻虾藕遇”电商品牌，线上销售农产品品类达20多个，被中华全国供销合作总社评为电子商务示范县。崇州市还设立了面积约270平方公里的现代农业功能区①，该功能区定位为天府精品生态粮油产业示范区，致力于打造“景田修竹、共营共享”的田园生活。

5.4 崇州市“农业共营制”改革的启示

崇州市在面临农业经营困局的背景下，积极采取措施促进农地利用保障粮食生产，最终走出了一条崇州特殊的行之有效的改革之路。崇州市在盘活土地使用权、促进规模经营以及提供农业生产社会化服务方面，给我国的粮食供给侧结构性改革以不少启示。

5.4.1 “农业共营制”改革对转变粮食生产方式的启示

崇州试验的“农业共营制”模式，以培育具有专业化技能的农业职业经理人为主，推进农业专业化进程，同时进一步组建土地股份合作社，扩大经营范围，增强经营的竞争力，推广社会化组织经营服务的内容，形成多个主体共同努力的局面，实现“共建、共营、共享、多赢”（罗必良，2014）。该模式在坚持农村基本经营制度的同时，很好地理解和利用了农村土地的三种权利性质，真正意义上实现和用活了“三权分置”，比较充分地释放了农业生产各方面的生产潜力，通过实现适度规模经营，为农业现代化的发展探索出了值得参考的模式。

第一，有效利用土地股份合作社，实施粮食生产适度规模经营。崇州市的农业共营制度以农户为核心，在“三权分置”的基础上，农户以承包经营

---

① 《崇州市2016年国民经济和社会发展统计公报》，http://epaper.scdaily.cn/shtml/scrb/20150724/105882.shtml。

权入股的方式，积极推进土地股份合作社的成立，这将非常有效地增加农业经营规模和范围，有利于农业机械化的运用和其他具有较高科技含量的农业生产方式的使用，降低了单位土地面积农业经营成本，提升了农业资源使用效率。规模化的农业生产经营还有利于引进各类社会资本到农业，催生农业生产、流通和加工过程中涉及的各类农业服务的产生，形成一条龙的产业体系。

第二，创造性地推出“农业职业经理人”制度，在培育新型职业农民方面做出了有益尝试。崇州市通过开展农业职业技能培训，让学员通过考试持证上岗，提升了农业生产的专业化程度。崇州市还通过让职业经理人享受城市社保的待遇，解决农业职业经理人的后顾之忧，让职业经理人放心从事农业生产。由于崇州市农业生产专业化的提升，粮食品质和生产效率得到了提升，逐渐培育出了具有地方特色的农产品品牌，有利于地方粮食产业做大做强。

5.4.2 “农业共营制”改革对发展农业社会化服务的启示

崇州的“农业共营制”探索在构建以农业职业经理人和土地股份合作社为代表的新型农业经营体系的同时，对构建新型农业社会服务体系也有着重要启示。

第一，农业共营制促进了农业社会化服务的专业化发展。崇州市在实施农业共营制之后，接受雇佣的农民专事农业生产，农业职业经理人负责对生产的计划、安排和管理，各类农业服务组织则专门从事农业服务工作。在当地政府的引导下，崇州市农业服务按照多元化、专业化、市场化的原则和一站服务的发展思路，划定了农业服务片区，分别建立覆盖农业技术咨询、农资配送、病虫统治、粮食银行等环节的全流程农业生产服务平台，各环节相关服务部门各司其职，服务专业化水平得到提升，服务效率大大提高。

第二，农业共营制破除了农业社会服务全靠政府提供的传统。一方面，传统的规模小、分散化的农业经营方式导致服务成本过高，市场化的社会服务体系出于对利润的追求不愿意或无力提供这种服务，而单个家庭的农户也没有能力支付更高的农业服务费用。政府提供的农业服务由于人力、物力不足，不能充分及时地发挥作用。另一方面，农业服务仅依靠政府会使政府背上沉重的财政负担。崇州的农业共营制扩大了农业生产规模，使得农业社会化服务的成本降低；而具有专业农业生产和经营能力的农业职业经理人由于对农业服务的需求更明确，又可以提高农业服务的准确性和及时性。通过合理的制度设计和市场培育，崇州的农业社会化服务组织既承担了技术推广、农机租赁、粮食购销等服务职能，又基本实现了自己的经济目标，值得在更大范围尝试和推广。

5.5 本章小结

崇州市的粮食供给侧结构性改革模式可以总结为农业共营制。作为粮食主产区的崇州市具有中国农业发展中的典型问题，即人均耕地少、种粮收益低、弃耕抛荒现象严重。在当地政府的牵头下，崇州市探索了以土地入股成立合作社，再聘请种田能手担任职业经理人，以种田收益分成对粮食经理人进行激励的制度。在农业社会化服务方面，崇州市成立了一站式生产服务平台，对粮食生产、收割、晾晒、销售各环节提供服务。崇州市“农业共营制”模式的供给侧结构性改革的经验在于，通过土地确权保障了农民的收益权，通过土地入股实现了规模经营，通过规模经营又为农业社会服务组织创造了市场。而崇州市创造性的“粮食经理人”制度则充分利用了种粮能手的人力资本，为新型职业农民的发展提供了借鉴。

第 6 章

粮食供给侧结构性改革的国际借鉴

经济和工业化的不断发展会冲击农业和粮食产业。西方一些主要的粮食生产大国在工业化的过程中也遇到过农业调整问题，但都较好地解决了粮食问题。粮食产业调整的问题有共性的地方，因此各国解决方案有重合之处。但因为各国国情的不同，解决问题的手段和重点亦存在差异，本书选择各国最具特色的经验进行介绍。有些国家虽然农业发达，但是其粮食产业占比较少，如丹麦。还有些国家粮食产业发达，但是主要是得益于得天独厚的地理条件和较少的人口，有利于实现规模化，如阿根廷等国。本书选取了最值得借鉴经验的国家，如美国、德国、法国等，所需借鉴之处在案例中得以体现。

6.1 美国市场化粮食支持体系的经验与启示

美国幅员辽阔，农业生产的土地资源条件较好，加上农业科研发达、农业生产机械化程度高，农业劳动生产率较高，农业竞争力较强。美国的农业是典型的现代化大农业，其生产过程高度化学化和机械化。在世界各国农产品产量排名中，美国一直位居前列，其玉米、大豆和奶类产品的总产量长期位列世界第一。美国是世界上主要的谷物生产国，其产量仅次于中国而列世界第二位。美国主要的谷物种类有玉米、小麦、大米、高粱等，是世界上主要的粮食出口国之一。

家庭农场是美国农业主要的形式。每个家庭农场经营的土地规模较大，需要的要素投入也比较大，加上农业本身的弱质性，美国政府针对农业制定了各种扶持。作为市场经济体制的代表性国家，美国政府的各项农业支持政策和调控手段也都基本以市场为基础来进行，主要体现为通过信贷、保险和发展期货市场等手段对农业生产和流通给予支持和保障。

6.1.1 美国粮食产业的市场化政策支持体系发展经验

6.1.1.1 全面的农业信贷政策体系

由于农业容易受各种自然灾害和经济环境变化的影响，加上农民固定资产有限、偿债能力相对较低，美国一般的商业银行在面对涉农相关的融资业务时设定了相对保守甚至苛刻的条件，一些银行干脆不想给农民提供贷款。

为了帮助美国农场主更便利地获得贷款等方面的支持，在美国政府的扶持和农场主的广泛参与下，成立了美国农村信贷系统。该系统的前身是1916年美国政府为支持农民购买土地而通过《农业贷款法》设立的信贷机构。1940年政府资本撤出，经过若干年发展，逐步形成了5家主要的地区性农业贷款银行，通过97个农业信贷服务社向15个农业州提供信贷等服务，每个信贷服务社贷款规模从5亿~80亿美元不等[①]。根据1987年通过的《农业信贷法案》，建立起了美国现在的农业信贷系统。该体系包括12家联邦土地银行及地方土地银行协会、12家联邦中间信贷银行、12家生产信贷公司及以这些银行信贷组织共同成立的地方生产协会和13家社会合作社银行。美国共设有12个农业信贷区，各区的农业信贷委员会根据联邦农业信贷委员会制定的贷款方针政策，结合本地实际，制订出地方的贷款方案，由地方农业信贷管理局具体执行。美国农业贷款机构直接服务于美国农业部，较好地保障了农业信贷资金的用途，并可以根据不同的农业发展阶段，调节贷款的发放和使用。2008年出台的《农业法案》还突出了更多农业贷款的优惠政策：将农业贷款最高金额从20万美元上调到30万美元；对资产较少的农场主，贷款本金由其资产价值的40%提升至45%；贷款利率由4%降低到1.5%，贷款期限从15年延长到20年；贷款定金则从10%降低到5%；给予弱势农场主优先贷款等[②]。美国政府对农业的扶持方式主要是提供贷款担保。由美国政府主导成立的农业信贷体系在融资时可以得到政府担保，必要时得到政府资金支持。

此外，为保障农场主的基本生活水平，政府事先制定出小麦等7种农产品的支持价格。在市场价格低于支持价格时，农场主可以随时将粮食抵押给

①② 张广胜等：《美国农业》，中国农业出版社2014年版，第230页。

农业部门的粮食信贷公司，并获取贷款，其贷款利息固定不变。粮食价格上升到高于政府支持价格时，农民可以赎回粮食；贷款公司则不能赎回贷款。美国政府的这种贷款担保政策保证了农民在面对特殊市场行情时能维持必要的生存条件。

6.1.1.2 完善的农作物保险制度

19世纪末20世纪初美国私营保险公司经营农业保险遭遇失败，因此得到了美国政府的重视。1922年，美国国会指定了专门委员会对农业保险进行了调查；1923年举行了调查听证会并于会后形成了长达116页的意见，认为农业保险要成功必须由国家进行管理。1936年，罗斯福总统指定成立了专门的委员会起草农作物立法建议。1938年，《联邦农作物保险法》出台，该法案隶属于《美国农业调整法》第5部分，这标志着农业保险制度以法律形式正式确定。该法案规定美国的农业保险经营机构为联邦农作物保险公司（Federal Crop Insurance Corporation，FCIC），总部位于哥伦比亚特区，还规定了农作物保险的范围、条件和具体实施办法。1939年，美国政府开始全面开展农作物保险业务。联邦农作物保险公司（FCIC）的三个主要政策目标为：（1）保护农民因作物的损失和价格下跌而造成的收入影响；（2）保护消费者应对食物短缺和极端价格变化；（3）通过建立稳定的农场流通体系和农业购买力来保障农业经营与就业。农户可以投保的风险额度为所计算的收入的50%和70%[①]（张团囡，郭洪渊，2013）。1943年，由于小麦和棉花保险遭遇重大承保损失，当年的《农业支持法案》被停止，签署了新的农业保险政策。《联邦农业调整法案》经过修订，在1944年允许对小麦、棉花、亚麻等作物开展保险服务，可保风险变更为雾、火、洪涝、雪、野生动物和飓风等灾害。1944年的《联邦农业调整法案》还授权对玉米、大麦等多种作物进行保险试点，保险对象逐渐平稳和扩大。1980年通过的《联邦作物保险法案》使作物保险项目有了大大增加，农业保险因此成了主要的农业灾害保护手段。该法案还要求联邦、并允许各州政府对农业投保费用进行补贴以扩大参保率。补贴使得农业生产部分方向从私人转移到公共部门，农业和农场主的利益得到了较好的保护。《联邦作物保险法案》还首次明确了农业保险方式为公私合营，政府的职责主要在于确定保险费率、对农业保险的管理费和运营费进行补偿、对农户参保提供保费补贴、对保险公司提供

① 张团囡、郭洪渊：《美国农业保险制度演进研究》，中国社会科学出版社2013年版，第78～80页。

再保险等。1994 年，美国联邦政府颁布了《美国农业作物保险改革法》，作为对《联邦作物保险法》的补充，主要新增内容为：建立农业巨灾保险计划、开展区域保险和建立非保险救助计划。2000 年颁布的《农业风险保障法》推出了农业紧急救助计划；2008 年的《农场法案》对减少区域农产品产量和收入计划的保费补贴的比率进行了规定，当年的《农业保险法案》开始对有机农作物的生产提供保险。

美国的农业保险包括作物产量保险和农作物收入保险。由于农业具有较大风险，农业保险对可保风险做出了颇多限制。在符合条件的范围内，政府除了对农场主进行保费补贴，还向农场主预付土壤保护补贴。为了推动农业保险的市场化及鼓励商业农业保险的发展，政府通过联邦农作物保险公司为商业保险提供再保险的方式，降低商业保险机构的风险。政府给予农场主的保费补贴高达 50% ~80%（孔凡真，2005）。美国政府还通过特别灾害援助计划，对保险业务覆盖不到或覆盖不足的风险进行救助，减少用户的损失。

6.1.1.3 多层次的粮食储备制度

为了调节农产品市场供应、稳定农产品价格，美国建立了包括政府粮食储备体系和政府支持下的农场主粮食储备体系相结合的粮食储备体系。此外还有市场化的自由储备。自 20 世纪 30 年代以来，美国联邦的粮食储备安排主要是通过粮食信贷公司来负责，而粮食信贷公司的粮食库存可以根据市场变化情况用以调节供需状况，维持价格水平的总体稳定。粮食信贷公司受政府委托并由政府提供收购资金向农场主收购粮食。如前文所述，农场主可在市价高时赎回粮食，而市价低于政府制定的收购价格，粮食信贷公司不能赎回贷款，这成为对农民利益的一种保护。

美国自 1985 年《农业法》通过以来，一直奉行每年 500 万吨的低储备量的储备政策。1977 年的《谷物和农业法》推出了一个为期 4 年的农场主储备计划。该计划鼓励农场主把一部分粮食储备起来换取一定程度的政府补贴或作为担保获取一定的贷款。但农场主一旦决定储备粮食，该部分粮食就不能轻易出售，只能在市场供需出现短缺时或市场价格高于该储备计划规定的让与价格时出售，否则就会受到处罚。当市场价格高于规定的让与价格时，农场主可以选择卖出粮食，并在一定时期内偿还贷款；也可以选择继续持有，则不再得到政府的储备费，但贷款利率维持不变。

如果市场价格继续升高到储备计划规定的赎回价格时，粮食信贷公司会要求农场主在一定时期内归还贷款，即变相要求农场主卖出粮食平抑物价。

政府向参加储备计划的农场主提供贷款以扩大和升级农场的仓储设施、保证储备谷物的质量。有资格的农场主得到的低息贷款额可以达到设备建设总成本的75%。美国鼓励建立农场主自有储备的目的是减少粮食供应中的不稳定性，同时降低商品信贷公司库存保管费用。到 20 世纪 80 年代以后，农场主的私人储备在美国粮食储备体系中起到了非常重要的作用。1983 年美国农场的谷物仓库设备容量达到约 4 110 亿升以上，占全国谷物仓库设备容量的59%；1986 年底，农场主仓储容量达到全国总容量的 62%[①]。1977 ~ 1983 年，农场主自有储备数量都要比商品信贷公司要稳定得多，原因是农场主自有储备是为了赚取市场利润而不是平衡市场供求。

6.1.1.4 发达、规范的农产品期货市场

自 19 世纪中叶以来，美国先后成立了芝加哥商品交易所、明尼阿波利斯谷物交易所、芝加哥商会等期货交易市场。这些期货交易市场在政府的监管执行下对农业生产经营者风险对冲、稳定物价和发现未来价格等方面发挥了重要作用。1993 年，美国农业部首次尝试利用期货市场交易农产品期权，利用市场机制保护农产品价格稳定的措施，并尝试用期权制度取代政府的农业补贴政策。1993 年，美国政府鼓励伊利诺伊州、艾奥瓦州、印第安纳州等部分地区的农民在削减部分播种面积的条件下进入芝加哥期货交易所购买玉米、小麦、大豆的看跌期权，根据这种期权的性质，一旦这些农产品的价格下跌，农民将获得相应的收益。同时，这些参加的农民还可以选择以最低保护价或目标价出售谷物，以避免市场价格下跌带来的冲击。这一试验可以看作是美国对农业价格支持政策的市场化改革。

相对于政府制定的保护价格，利用期权市场来对农场主的价格风险进行保护具有独特的优势。第一，期权中的行权价格是市场各方在受到市场信息的影响下形成的，比较真实地反映了市场的供需关系；而政府制定的保护价格出于保护农场主利益的需要，一般需要高于市场价格，传递了错误的市场信号，对生产有刺激作用。第二，减少政府财政支出。尽管美国联邦政府需要承担期权交易的权利金和手续费，但市场中的大部分风险已被农业期权购买者承担，政府的风险得以减轻。美国政府对于农业贷款的补贴、对政府和农场主两级储备体系的补贴、对农民保险和收入的补贴，数额已经十分巨大。第三，通过该试验，农场主尝试学会利用市场机制锁定农产品远期价格规避

① 龚锡强：《借鉴美国经验发展民间粮食储备》，中国乡村网，http：//www. zgxcfx. com/Article/62646. html。

和分散风险，在农产品市场日益国际化的背景下，有助于农业生产者增加市场竞争意识和自我保护能力。

6.1.2 对中国粮食供给侧结构性改革的启示

6.1.2.1 发展农业信贷需要政府主导和农民参与

农业由于其自身容易受到各种自然灾害的影响，且随着经济不断发展而在经济中的比重呈现不断下降趋势，导致行业风险高、投资回报率偏低。商业私人资本进入该行业的意愿偏低，纯粹依靠市场的力量是无法完全解决农业发展所需的信贷资金的。纵观美国农业发展历史，农业发展的困境基本都是由市场失灵引发的（王敏，2016）。根据经典的经济学理论，政府的介入和干预是修复市场失灵的重要手段。而美国政府在历次市场失灵的经历中不断采取的干预措施，也成为美国农业信贷制度不断发展与完善的过程。虽然联邦政府也在鼓励商业性的农业信贷，但政府仍然在信贷资金的成立初期和运行期给予了资金支持，并在特殊困难时期提供支持。此外，美国农业信贷体系在成立之初就保障了农场主的参与，通过农业从业者确保对农业真实需求的了解和农业本身的用途。

我国从20世纪80年代以来开始试点土地承包经营权抵押探索，但发展较为缓慢。美国的实践经验表明，要建设完善农村信贷体系，克服市场失灵，需要在政府发挥主导作用的同时，广泛了解农民的真实需求，确保农村信贷资金的准确、足额、高效发放。美国农业信贷体系直接归属于农业部管辖，保障了农业贷款资金的使用效率。中国在2018年国家机构改革后成立的农业农村部，集合了原来归属于财政部等其他部门的涉农资金的安排的职责，将农业贷款的审批、发放和使用监督权力更多地归属到农业部，有望可以更好地保障农业农村发展的需要，同时更好地通过贷款支持力度对粮食生产进行调节。

6.1.2.2 拓宽农业保险范围

以农产品价格目标为基础的收入险可以有效降低农民面临的市场价格风险，为引导调节农民种植结构做好保障。政府应该加强宣传、出台优惠措施、加快试点和推广力度，推动价格险的覆盖范围。我国目前在农产品收入险方面仍处于探索阶段，比如蔬菜和生猪目标价格保险，但试点范围较窄、赔付额度不够高。在更容易受气候和市场影响的粮食品种收入险方面，仅有大豆、玉米、水稻在黑龙江省等处于逐步开始方案设计或储备试点阶段。在可保风险方面，政府可以出台各种措施，加大农业保险风险的覆盖范围，比如对农民投保提供补贴或由专门机构对农业保险公司进行再保险。对极端自然灾害和重大农业损失要有应急救助机制，保障农业从业者的利益。另外，在探索农业保险的同时，结合期货市场的价格发现和物价稳定功能，维护农产品价格的稳定。

目前，我国尚未成立专门的农业保险服务机构，也未对从事农业保险的商业性保险机构推出专业的扶持和优惠政策，导致农业保险发展缓慢。要降低农业风险损失，增加农民的种粮积极性，使农民的收益得到保障，尽快制定出台完善的、由政府主导的农业保险体系尤为重要。新成立的农业农村部有了更大的职权，希望在此方面可以展开新的有益的探索。

6.1.2.3　建立多层次的粮食储备体系

美国联邦政府通过粮食信贷公司持有的粮食储备体系和农场主的自有粮食储备体系既保证了根据市场不同需求情况对粮食供给进行调节，又减少了政府储量的库存和财政支出压力，还能让农民通过自有储备获取一定市场利润，可谓一举多得。中国通过粮食安全的省长负责制建立起了地方和中央的政府粮食储备体系，但是政府粮食储备库存和经营库存没有很好地区分开来；粮食收储过分依靠政府，基本没有农民和其他私人储备安排。在中国，由政府主导又缺少市场竞争的粮食储备在平抑物价、调节粮食上可能存在不及时的情况；在需要增加储备时，市场已经没有自主储备的粮食又面临买不到的情况。由于中国人口数量庞大，为了保障国家粮食安全需要拥有较大的粮食储存量。过分依赖国家粮食储备体系就要求中央和地方两级粮食储备都投入较大财政力量进行仓储能力建设和粮食收储管理，财政资金的占有和损失较大。粮食国有企业面临的市场竞争较少，管理效率有待提升。

为了保障粮食流通体系顺畅、高效、安全的运行，可以参考学习美国的粮食储运制度，对国有粮食企业进行现代企业制度的改革，对经营性的粮食储备不再进行补贴。运用合理的措施，包括信贷支持和支付储备费、鼓励大型粮食企业建立商业性的粮食仓储设施，并将其纳入统一科学的国家粮食安全系统，在增加市场自我调节能力的同时，减少国家储粮成本。

6.1.2.4　建立健全我国粮食期货市场

美国政府一直在探索并积极利用期货市场对粮食价格的发现功能和稳定粮价的职能。粮食期货市场的价格期权和指数类产品比较发达，较好地分散了农场主的风险，又一定程度上减轻了政府对农业的补贴压力。

与美国相比，我国农产品期货市场的发展还有较大差距。首先，我国农产品期货市场中的交易品种和交易工具开发不足。目前，我国已经建立了郑州期货交易所和大连期货交易所，为农产品价格保险提供了基本条件，还需要进一步开发更多的交易方式和交易品种，提高市场的价格发现功能，更好地保护农民利益。可以基于现有交易品种和交易方式进行进一步挖掘和开发，完善交易相关的制度设计和技术更新，促进粮食期货交易的活跃度。尽快推出各种成熟的期权和指数类产品，为各类投资主体提供更方便的投资渠道。其次，初步探索我国农产品期货市场的机构投资者进入机制。我国目前的金融监管制度对风险投资等机构投资者进入期货市场有颇多限制。这相当于把大批资金和投资主体挡在市场之外，在剥夺这些资金自身通过期权市场提高自身抗风险能力的同时，也不利于期权市场活跃度和交易规模的增加，不能充分发挥出期权市场的效果（张秀清，2015）。加快研究各类机构投资者期权投资进入机制，既可以分担农民种粮风险，又能一定程度上减轻农民面对风险时对政府的依赖程度。

6.2　德国开展农民职业教育的经验与启示

德国是一个高度工业化的国家，农业在经济中占比很低。1970～2010年，德国农业占德国国民经济总量的比例从3.67%下降到1.1%。但德国农业在社会经济结构中仍然占据重要作用。工业化以来，德国第一产业就业人口最多时也仅为8.64%，但创造的产值在2008年高达365亿美元。种植业是德国传统农业的重要组成部分。谷物产量自1969年以后一直位居德国种植业的第一位，谷物产量在2011年达到4 193.82万吨，比1969年上升了67.69%。从德国种植业的增长幅度和劳动效率可以看出，德国农业拥有极高的效率，这与其发达而完善的农业职业教育不无关系。

6.2.1　德国农民职业教育的经验

6.2.1.1　完善的职业教育体系

德国的农民职业教育体系通常可分为三个部分，分别是农业职业教育、农业高等教育和农业职业培训。其中农业高等教育主要包括研究型的农业大学、传统大学的农业相关院系和部分农业应用技术大学。

德国的农民高等教育分为4年制专科和6年制本科。目前，德国共有农业专科大学10所，主要教授农业应用技术；农业本科大学7所，主要教授学生与农业科研方面有关的知识。

德国的农业职业教育可分三个层次，分别是初级、中级、高级。接受初级农业职业教育的学生须先和企业签订合同，进行为期 3 年的学习，此模式称为“学校—企业”双元制。在学校期间，每周 4 天学习，1 天在企业接受国家认可“师傅”的培训。初级农业职业学校的课程和教材由州食品部和县农业局根据当地的实际情况制定，接受州农会的管理。农业机械和实践操作技能是学习的重点。为期 3 年的学习结束后，通过由农会、职业学校教师和企业三方组成的考试委员会的考试取得农业职业资格证方可成为合格的农民。考试不合格者可延期学习 1 年。学员在初等职业学校毕业 3 年后，可进入中等职业技术学校进行为期 3 个学期的经营管理知识方面的学习，为职业生涯从生产向管理转变做准备。其中第一学期集中学习基础理论知识，第二学期回企业实践，第三学期学习农业管理知识和计算机技能等。德国约有 62 所中级农业技术学校。学员从中级农业职业学校毕业 1 年后，可进入高级职业学校进行为期 1 年的企业管理和市场营销方面的学习。高级农业职业学校每个班人数为 10 ~ 18 人，理论知识和实践课程的比重分别为 60% 和 40%①。学员从高级职业学校毕业后通过考试即可成为农业“师傅”并获得经营管理农村及招收学徒的资格。农业师傅证书拥有者若再经过 2 年制的高级农业学校课程之后，同时获得“农业企业管理师”和“农业技师”这两个资格后可以成为农业区企业主，也可以通过考试可进入农业高等学校学习（苗晓丹，2015）。农业职业教育和农业职业进修推出了“绿色证书”制度，保障从业人员的质量，并得到州际互认。德国农业职业教育体系的目标是激励学员获取农业师傅、农业技术员等相当于高等教育范畴中第三级的职业资格（苗晓丹，2015），以提高德国农业的生产经营效率。

除了系统的农业职业教育，德国还通过农业技术培训学校（Deula）分布于全德国的 12 个培训机构提供农业职业培训，Deula 的培训种类多达 12 种②。德国政府认为，要成为专业的农民，通过职业教育学到的知识还远远不够，需要在从事农业之后继续学习；此外，农业知识不断更新，农民必须不断学习新知识以适应漫长职业生涯的要求。一些农业技术厂家也常常利用 Deula 进行免费的宣传和培训。

6.2.1.2　健全的法律保障体系

1969 年，德国颁布《联邦职教法》，主要内容是统筹各领域基于岗位劳

①② 李婷、张成玉、肖海峰：《德国农业》，中国农业出版社 2014 年版，第 303 ~ 305 页。

动的职业教育。在2005年《联邦职教法（修订）》中，把德国的职业教育分为以下三类：职业预备教育（为接受具有完全职业资格职业教育做准备）、中等职业教育（获得完全职业资格）、职业进修教育及职业转行教育。2005年《联邦职教法（修订）》赋予联邦农业部门可以制定农业类职业教育规范和职责，要求以“双元制”模式进行职业教育，通过职业学校和农业企业两方面共同合作完成。该法律规定，农业职业教育过程要以《职业教育条例》作为法律依据，保证各个地区获得的资格证书能够互相认可。同时，还需要在《培训合同》的框架下，保证培训双方按要求进行，设置的课程也需要按照计划制定（苗晓丹，2015）。

德国现阶段的农业职业教育的法律体系主要是联邦立法机关颁布的2005年《职业教育法》。这个法规主要是用于协调参与职业教育的各个主体，要求按照法规的说明，合理地开展职业教育。

首先，各州据此制定面向辖区内的职业教育学校的法律，如《巴伐利亚州教育教学法》和《巴伐利亚州农林类学校职业教育法》。其次，联邦及各州政府主管部门出台的指导农业职业教育实践的框架性法规，如联邦农业部门协商教育部门颁布的14个涉农专业的《职业教育条例》、联邦经济部门协商教育部门颁布的《培训教师资格条例》《师傅证书考试条例》。最后，由各州农业部门颁布实施标准及条例（如双元制各专业《毕业考试条例》），以及由农业行会在自主权框架内颁布的规章（如部分州由农业协会颁布“双元制”农业类专业《毕业考试条例》）。德国的农业职业教育法律体系既是“双元制”模式顺利实施的有力保障，又使各州在教学内容和标准上保持了一致性。

6.2.1.3 充足的经费支持

根据德国的基本法《德国宪法》规定，各州负责管辖当地教育事业并提供资金。州政府和地方政府根据职能分配情况，共同提供当地的教育资金，对象既包括公立学校，又包括国家认可的民办学校。

在德国，职教体系已经明确做出了规定，国家和企业对职业教育经费投入具有责任，公共经费和私人经费构成了教育经费来源。在“双元制”的德国农业职业教育体系中，教育经费支出主要来自两个方面：在委托企业（农场）内部产生的费用；在委托企业的时候额外产生的费用，这些费用主要包含学校中一切活动中产生的费用，这些费用将由委托企业、联邦政府和州政府共同承担，对学生是免费的。“双元制”模式下，州政府财政负责职业学校建设和运营经费支出，委托企业负责支付给学员报酬、社会保险费及培训材料费。企业要承担约3/4的总经费支出。接受着职业晋升教育及高等教育的人，还可以根据相关的规定，申请助学金，为自己的培训减轻经济上的负担。“双元制”职业教育的年生均经费大约占到了人均GDP的40.9%。据德国联邦职教所（BIBB）在2007年期间对共计3 000多个培训企业（包括来自5个培训领域的51个培训职业）的问卷调查结果表明，每年的生均经费毛支出大约达到了15 288欧元，而净支出则达到了3 596欧元①。

6.2.2 对中国粮食供给侧结构性改革的启示

从德国较少的农业从业人口和发达的农业水平来看，农业人力资本的提升是实现农业现代化、提高粮食质量的一条重要的途径。此外，大力培养新型职业农民，不断提升农村公共服务水平，对实现粮食供给侧结构性改革具有重要意义。

6.2.2.1 健全农业教育体系

德国经过长期的探索和发展，具有比较健全的农业职业教育体系。该体系既不光有农业上的基本技能培训，还包含农业在职的继续教育培训和农业高等教育培训。德国的经验提示我们：第一，农业职业教育要做好自身定位。德国的农业技能特别重视中级职业技能即农业实践技能和农业生产管理方面的知识，以培养出具有较强农业技术能力和农业生产经营能力的实践型农业从业者。在我国的教育体系中，应用型人才和理论型人才的培养区分不够，没有做到培养的针对性，一些农业院校特色不明确，甚至有脱离农业的趋势。农业职业教育要注重结合当地的实践，推出独具特色的人才培养方案，让学员学到实用的农业知识，为农业生产提供专门人才。对完成相应职业教育的学生，颁发农业从业资格证书，逐步推进农业“持证上岗”，推动农业生产的科学化、规范化。第二，积极开展校企合作。德国农业职业教育的双元制模式既为农业职业教育提供了经费支持，又保证了学生学的知识能够与实际运用结合起来，学有所用。可以参考德国的农业“师傅”制度，聘请生产能手、种植大户、农业企业家作为导师，让学生所学知识更加贴近实际。还可以跟企业签订培训合同，培养订单化人才，解决人才供需双方信息不对称的问题。第三，开展农业继续教育。德国政府认为，学校所学的知识在面对漫长的职业生涯和日新月异的技术进步时

① 苗晓丹：《德国农业职教什么样?》，《光明日报》2013年3月24日。

是远远不够的，因此要不断进行继续教育。我国可以参考德国的做法，利用好基层农机服务站等组织，对农民进行技术指导，推广农业生产新知识，解决农业生产经营中的实际问题。

6.2.2.2 加大对农业教育的立法和资金支持

政府应认识到农民培训是农业现代化的必然要求，农民培训教育是人力资源的开发与利用的有效途径。

农业的现代化离不开人的现代化。农业职业教育的发展，首先应该得到法律体系的有力支撑。我国虽然早在1999年就颁布了职业教育法，同时还对职业教育管理体制和经费等做出了比较明确的安排部署，但并没有对关系国计民生的农业职业教育作出特殊的规定。农业对国家的粮食安全具有无可取代的作用，却具有天然弱质性，而修读农业职业学院的学生的家庭经济条件常常不够好。通过立法的方式，对农业教育做出明确安排，规定农业职业教育培训的培养目的、培养模式、考核方式。

农业职业教育的发展需要有资金的支持，政府要加大对农业职业教育的扶持力度，提供必要的经济帮助和物质帮助。德国的各级政府共同为农业职业技术学校提供资金支持，并通过“双元制”承担了学生的生活开支。中国的农业职业教育也应探索全面减免学费的途径，对家庭条件困难的学生给予特殊帮助。探索订单式人才培养，让企业为农业职业教育买单，减轻学员和政府的负担。并通过完善职业农民制度，让农业从业者享受和产业工人一样的社会保障，培养学生树立职业农民态度。

6.3 法国发展农业服务体系的经验与启示

法国良好的地理和气候条件很适合农业的发展。过去法国农业以自给自足的小农经济为主，第二次世界大战以后开始利用各地区的比较优势，建立起各种农产品产业产区，实现了农业现代化。根据联合国粮农组织（FAO）的数据，2011年法国粮食播种面积占欧盟的17%左右[①]，粮食作物产量约占欧盟的23%。法国是世界上主要的粮食生产国和出口国。法国出产的主要粮食品种为小麦、大麦和玉米，产量均为欧洲第一。

① 李先德：《法国农业》，中国农业出版社2014年版，第50~53页。

6.3.1　法国农业服务体系的经验

6.3.1.1　推进农业企业化并加强品牌建设

法国农业以家庭经营为主，不利于走向市场。为此，法国政府积极推进农业经营企业化和生产专业化，自此发展和壮大农业企业规模，发展农产品深加工。按农业加工行业排名前 10 名企业的营业额占行业总营业额的比较计算，30% 的行业前 10 名营业额超过行业总营业额 90%，在 45% 的行业中超过 80%，67.5% 的行业中超过 50%①。法国著名的农业和食品类跨国企业有达能、拉克塔利斯、保乐力加、Bigard SA、索迪雅等，其业务覆盖世界大部分国家和地区。这些大型企业利用其市场信息、生产技术、经营管理和品牌建设方面的经验，通常渗透到农产品生产、价格、流通等多个环节，提高了法国家庭农产品经营模式的组织化、产业化和产品标准化程度。农户在与大型企业实现对接之后，解决了农产品销售的后顾之忧，可以专事从事生产。可以说，法国企业化的农业发展方式极大地增强了法国农业的竞争力。

6.3.1.2　发挥政府、农业专业合作社的社会服务职能

法国农业以家庭小规模分散经营的生产格局在走向市场的过程中需要通过完善社会化服务体系进行引导。法国农业社会化服务体系主要包括政府各级农业部门提供的农业信息服务和农业专业合作社提供的各类服务。

法国农业部根据欧盟和法国规定的信息收集范围与指标体系提出具体信息工作任务，内容包括政策优惠、市场供求、技术进步、趋势预测等，并发布给各大区、省的农业部门。各大区、省的农业部门搜集整理后上报欧盟并向全国发布，与农业相关的商业技术协会和专业合作社可按各自需求共享政府提供的农业信息。

农业专业合作社是法国农业的主要特色之一，具有重要的地位和作用。几乎每个农民都参与了一个或多个农业专业合作组织。为了保障合作社的顺利发展，法国政府从 1943 年开始相继颁布了《农业合作社法》《合作社总章程》《农业指导法》《农业共同经营组合法》《合作社调整法》等，1972 年颁布了《农业合作条例》。目前，法国农业合作社种类繁多，包括农产品生产合作社、农业服务合作社、农产品流通合作社、农业信用合作社等。此外，跨行业部门、跨领域的农业合作社等相关部门投票后，再由理事会选举产生

① 李先德：《法国农业》，中国农业出版社 2014 年版，第 381 页。

主席，日常经营活动则实行主席领导小组的总经理负责制。

法国农业合作社在法国农业的发展中起到了重要的作用，主要体现在：第一，农业合作社已经融入农业产前、产中、产后各环节，成为农业社会化服务和产业化经营的重要载体；第二，合作社共同参与市场竞争，增强了农民的市场竞争能力；第三，农业合作社以团体名义参与并影响法国和欧盟与农业相关的立法和政策，维护了农民的利益；第四，农业合作社是政府实施农业政策的重要平台和载体；第五，农业合作社在农业科研、农民培训、技术推广等方面起到了重要作用。

6.3.1.3 强调行业协会的调节和管理作用

法国目前有多个农业行业协会，与粮食生产相关的主要包括小麦和其他谷物生产者协会、法国玉米生产者协会、法国油籽与大豆生产者协会等。这些行业协会的主要职责包括为本行业从业者关注的各种问题寻求解答；利用协会资源协调农业生产者和流通部门各环节之间的关系；对欧盟和法国各项农业相关政策的落地与实施进行监督；为生产者争取各种补贴；提供行业技术推广和服务；推动本行业与国内外相关协会组织的交流与合作等。法国各类农业协会已经发展成为行业内部管理与运行的主要力量。通过行业协会对各自行业的管理，实现了行业的自律和良好稳定的运行，分担了政府责任。同时，行业协会通过对本协会的各项服务职能，提高了本行业的市场竞争能力，维护了本行业的盈利水平和从业者的利益（李先德，2014）。

6.3.2 对中国粮食供给侧结构性改革的启示

中国粮食生产的社会化服务体系发展比较滞后，可以在以下方面借鉴法国的经验。

6.3.2.1 培育发展农业龙头企业

我国较大规模的农业企业有中粮集团、新希望集团、中国农业发展集团等，并且在这些企业的带动下成立了中国农业产业化龙头企业协会等组织，这些企业对我国农业的产业化和现代化起到了重要的带头作用。但是考虑到农业的整体规模和单个家庭单位的经营规模，我国农业龙头企业对小农户的带动作用远不如法国农业企业。建议通过各种农业专业合作社、行业协会等组织与企业对接，通过发展订单式农业等经营方式将分散的粮食生产者组织起来，使农业企业更深入参与农业的生产、加工和流通过程中，运用企业的组织优势和市场经验解决农户在面对市场上的能力不足问题，提高农业生产的标准化程度和产品质量，提升农业效益。

6.3.2.2　积极发挥农业专业合作社的组织作用

相比法国，我国单个农户的经营规模更小、更分散，技术能力更薄弱，市场参与能力更加缺乏，也更需要通过农业专业合作社等方式把生产经营活动组织起来，实现规模效应。目前，我国已经制定了《中华人民共和国农民专业合作社法》，农业合作社已经有了一定程度的发展，其主要职能集中于农产品生产资料的购销，农产品销售、加工、运输、贮藏，以及与农业相关的技术、信息等服务。法国农业合作社的种类更多，在农业生产过程中所承担的参与程度更高，对市场的影响能力也更强，还能代表农民与政府等相关部门沟通，制定有利于农业发展的政策法规，也是政府农业政策和农业技术推广的重要载体。法国的各种农业协会在行业自律、行业发展和对外交流上发挥着积极作用。总结起来，法国农业的生产经营各环节有合作社进行组织协调；关于农业发展、技术引进和行业自律则由行业协会进行管理。中国农业未来需要在生产经营上和行业发展上，更加充分地发展和利用好专业合作社和行业协会的组织带头作用，增强农业的组织性。

6.3.2.3　规范并利用行业协会职能

行业协会对行业的健康发展具有重要的作用。法国门类众多的农业行业协会在技术支持、对外交流、行业自律方面发挥了重要作用，促进了行业的健康发展。中国农业目前也已成立了较多行业协会，与粮食产业相关的主要有中国粮食产业协会和中国种子行业协会、中国农产品协会等。与法国自律性的农业行业协会不同，中国的行业协会存在较强的政府干预情况，协会在发挥自身职能时受到一定约束，呈现出“重成立轻应用”的现象，对行业内部的自律管理职能也不足。难以真正做到沟通农业生产者、市场和政策制定者的作用。要充分发挥行业协会在中国粮食产业中的积极作用，需要通过更完善的政策措施赋予并贯彻各项协会职能，推动行业协会发展的市场化、自治化和规范化。

6.4　以色列发展集约型科技农业的经验与启示

以色列自 1948 年以来，始终面临耕地面积狭窄、土壤盐化和水资源匮乏等极端不利的农业生产条件。但是以色列一直致力发展集约型科技农业，重视对生态环境的保护和利用，以占全国人口 3% 的农业人口，不仅养活了全国700多万人，其农业还和钻石、军火成为全国三个支柱产业，大量出口。以色列的农业现代化过程被称为“沙漠奇迹”，受到联合国粮农组织的高度评价和推荐。在中国农业发展的资源约束日益严峻的情况下，以色列的农业发展经验对我国的粮食供给侧结构性改革具有重要参考价值。

6.4.1 以色列集约型科技农业的经验

6.4.1.1 政府主导的农业科研体系

以色列的农业科研以政府为主导，每年政府在农业科研上的投入达到数亿美元。以色列的农业以紧贴国家农业生产和行业发展的技术研究为基础。比如，面临可耕地面积狭窄和水资源限制的情况下，以色列将土壤研究和水利研究结合在一起，同时使用计算机技术，开发了精细种植和滴灌、喷灌、埋藏式灌溉等节水技术。此外，以色列非常重视新技术和新产品的不断更新换代，其种业研发非常发达，平均每5~6年即可开发出一种符合国情且能推向市场的新农业产品，保证了农业科研技术的开发惯性和市场竞争力。以色列的农业科技研发主要依靠农业研究组织（ARO）和希伯来大学农学院（FOA）。其中，ARO的科研人数最多，占据了以色列1 400多名农业科技人员的86%①。ARO的研究更偏重应用性，其科研活动主要针对以色列的国情和国内外市场开发新产品、新技术，追求资源利用的效率。FOA则更注重农业高等教育体系的建设，提供农业学士、硕士和博士层次的教育。FOA中约有60%的科研人员从事农业科研活动。

6.4.1.2 科学完善的农业技术推广体系

以色列强大的农业推广体系是其高科技含量的农业得以顺利发展的基础。以色列把农业技术推广作为一项公益服务，形成了以政府推广机构为主导，协会和私营机构积极参与的“一主多元”的农业推广体系（曹暕，李华2014）。政府主导的农业推广体系分为国家农业推广中心（SHAHAM）和区域农业推广中心。国家农业推广中心下设14个专门委员会，承担不同农业领域的推广职能，并根据不同地区的农业产业特点下设9个区域性农业推广中心。每个区域推广中心拥有10~30名推广人员②，并设立自己的推广委员会。推广方式包括：区域中心推广人员现场集中推广；专家现场或通过网络

---

① 曹暕、李华：《以色列农业》，中国农业出版社2014年版，第155页。

② 曹暕、李华：《以色列农业》，中国农业出版社2014年版，第268页。

系统推广；通过宣传资料或举办培训班推广；由区域推广人员提供的付费新品种全程跟踪技术指导服务。其中现场推广、注意解决实际问题、注重农业技术的组装配套推广是以色列的农业推广制度的特点。另外，以色列农业推广体系的成功还受益于四个方面的原因。一是制度保障。政府通过鼓励研究和开发法案，使农业推广的财政信贷支持以法律的形式进行规范和保障。二是资金保障。以色列政府以财政拨款的方式承担农业推广费用，农民不需要付费。这使得以色列农民充分信任技术推广人员，保证了农业技术的快速传播和应用。三是人才保障。推广人员必须具有专科以上学历，并接受年度考核，考核业绩与退休金挂钩。四是教育保障。以色列农业推广中心针对农民开办了各类经常性的培训班，保障农民具有对新技术、新知识的接受和掌握能力。

6.4.1.3 利用生物技术进行保护性耕作

为了提高农业生产效率，以色列也曾大量使用化肥农药。但意识到化学品对生态环境的破坏之后，以色列大力开发生物杀虫技术和改良种业，以减少农业生产过程中对化肥农药的依赖，取得了较好的效果。比如，以色列农场培育一种特殊的蜘蛛，这种蜘蛛专吃对草莓生长有破坏作用的小虫子，大大降低了草莓生长中对各种杀虫剂的依赖。这种蜘蛛现在已出口到美国加利福尼亚州。以色列生物技术公司培养的一种细菌能消灭粉状霉菌和蛾子，还有公司研制出了一种可以产生紫外线阻止昆虫的聚乙烯薄膜。他们还运用细孔尼龙网覆盖温室的方法，来有效防止害虫飞入。现在，以色列85%的柑橘种植园已经实行了害虫综合管理①，利用生物界的食物链法则来消灭害虫，如黄蜂或其他昆虫等来保护柑橘不受某些病虫的伤害，从而减少了化学品的使用。

6.4.2 对中国粮食供给侧结构性改革的启示

6.4.2.1 强化政府对农业科研的投入力度

以色列的集约型、科技化的现代农业发展离不开政府对农业科研的大力投入。中国要调整农业结构，提高农业效率，必须大力开展针对农业生产的科学研究。中国有较多的农业大学和农业科研院所，但这些教学研究机构的功能类似，优势不明确。政府要加大对农业科研机构的引导和支持，激励农

① 以色列考察网关于以色列的介绍，http：//www. yslkc. com/kc. asp。

业科研机构根据不同粮食主产区的生态条件推出不同的粮食品种并加快新品种的推出周期。参考以色列融合土壤和水利研究的经验，鼓励跨领域的农业科研合作。

6.4.2.2 建立政府主导的“一主多元”农业推广体系

要实现农业生产的现代化，农业技术的推广至关重要。以色列的经验表明，由政府主导，并结合民间各种行业协会的农业推广体系对农业技术的推广起到了积极的作用。参考以色列的经验，我国应该建立起完全财政拨款的公益性农业推广体系，对农民进行免费推广。在重点突出现场推广、解决实际问题的同时，辅以培训班、宣传手册、信息技术手段进行多种形式的推广。对农业推广人员要有明确的资质要求和考核标准。建立完善农业技术推广相关的法律法规，规范农业技术的推广主体和责任。加强农民职业教育，提升农民接受各种先进农业技术的速度和效率。对采用先进技术有特殊需求的农户，可以通过当地农机推广人员或社会推广机构进行有偿的全程跟踪技术指导，建立“一主多元”的差异化、立体式推广方式。

6.4.2.3 实施生态保护性耕作

中国面临的耕地资源约束和较大的人口压力形成了重视粮食单产的农业经营方式。这跟以色列颇为类似。以色列通过坚持节约型和高效农业的发展方式，开发生物杀虫技术，科学合理利用农业资源，并通过这种方式达到了提高农业生产效率和资源利用率，对农业的发展起到积极的促进作用。中国粮食生产的成本日益增加，其中很大一部分是由于化肥农药的过度施用和土地肥力下降造成的。可以学习以色列农业生产中减少化学品使用的经验，开发出抗病虫害能力更强的粮食品种和开发生物杀虫技术，既可以降低农民的种粮成本，又可以提高粮食质量。中国幅员辽阔，地区差异较大，可因地制宜地推出差异化的资源利用机制，保护粮食生产的生态环境。如西北地区可以借鉴以色列农业的节水技术，而东北平原可大力发展农业机械化。

6.5 澳大利亚农业标准化和信息化的经验与启示

澳大利亚地广人稀，土地资源和草场资源为农业的发展提供了得天独厚的条件。由于人口较少，澳大利亚农业生产的主要目的是出口。澳大利亚与13个农业生产和出口国于1986年8月在澳大利亚凯恩斯成立了旨在加强农业贸易自由化的凯恩斯集团。20世纪50年代之前，澳大利亚的农业产值占到 GDP 的 25%，农产品出口占该国总出口额的 70% ~80%。随着经济的不断发展，澳大利亚农业在其 GDP 中的比重不断减少，目前为 2% 左右①。种植业在澳大利亚农业中占比最大，2006 ~2013 年谷物出口值平均为 69.03 亿澳元②。澳大利亚人力资本昂贵，农业生产又主要以出口为目的，澳大利亚农业逐步形成了重视农业信息化和产品标准化的特点。

6.5.1　澳大利亚农业标准化和信息化的经验

6.5.1.1　完善的农业标准体系

澳大利亚农业的出口导向性特征决定了农业标准的制定也是以提高粮食质量、满足客户要求为目标。澳大利亚的农业标准较为全面，具体包括产品品种、生产技术、质量等级、储藏标准、运输流程等，并具有以下优势：

第一，针对性和可操作性高。澳大利亚制定明确的量化标准，对各项农业指标都有明确的检验方式和测试流程。为了便于出口，所有拟出口的农产品都必须符合国际标准，所以，澳大利亚为提高本土农产品的出口优势，将自身标准与国际标准接轨。澳大利亚具有强制性和非强制性的农业标准，其中强制类的标准较少，以政府制定的标准为准，主要涉及种子、农药、农产品标识等。非强制类标准占所有农业标准的较大范围，具体由相关农业组织和商业协会制定，包括谷物局、谷物协会、大麦协会、小麦局等，制定农业标准的根本目的是加强行业自律，促进出口。澳大利亚的农业标准具体制作流程如下：成立一个综合性质的委员会，包含政府、企业、研究人员、农民等人群，再听取客户、农民和科研机构的意见，最终确定一系列可行的量化技术指标。

第二，具有明确的责任主体。澳大利亚在农业标准中对各部门的工作进行了明确划分，其中检验检疫局作为主要执行机构，对面向国际市场的农产品，达不到标准的坚决不允许出口；对针对国内市场的农产品则不强制检验，但消费者一般有较高的产品质量要求。农业部负责农业种子标准的检验。为防止品质不达标的种子流入市场，上市销售的种子必须检疫合格并获得种子质量合格证，以保证农民和消费者利益。在农业标准中，对国家注册管理局的具体分工包括：农药必须先通过登记注册，才能流入市场，同时要披露农

① 于爱芝、孙道玮：《澳大利亚农业》，中国农业出版社 2016 年版，第 27 页。
② 于爱芝、孙道玮：《澳大利亚农业》，中国农业出版社 2016 年版，第 85 页。

药的具体特性和药用原理，以避免含剧毒农业产品对消费者健康造成损害。

第三，得到政府的深度支持。澳大利亚政府颁布相关法律文件，保障各项农业标准的制定和执行，包括《生物安全法》《出口控制法》《检验法》[①]等。澳大利亚还通过政府行为来进行质量管理，比如在粮食收购过程中使用经过统一培训并持证上岗的国家检验员制度来保障检验的公平性和准确性。澳大利亚政府还积极引导农业行业协会发挥自律作用，在行业内推广质量标准化管理体系，提高产品的质量。

6.5.1.2　农业信息化程度高

澳大利亚政府通过大力发展网络基础设施建设，以信息化带动农业发展，2014 年全国宽带普及率已达 99.2%[②]，成为澳大利亚农业从业者获取信息和寻求农业生产经营技术支持的重要渠道。澳大利亚各级政府的农业政策、信息、文件也都通过网络共享，企业税费缴纳也通过网络实现。澳大利亚科研部门还开发出基于网络的农业职能决策软件系统，比如澳大利亚联邦科学与工业组织研究院开发的土地类型应用软件土壤专家（SoilMapp），方便生产者随时掌握土壤的情况，进行生产决策；该机构开发的另一个名为产量专家（Yield Prophet）的软件可以模拟出农作物的产量。遥感技术在澳大利亚农业中的应用也非常广泛，尤其是用于检测作物生长动态和草场生物量变化，以及作物产量估计。很多大型农业机械装上了定位系统，误差不超过 2 厘米。未来，澳大利亚还将积极将信息技术与农业生产全面结合，推动精准农业的发展。

6.5.2　对中国粮食供给侧结构性改革的启示

为了在粮食供给侧结构性改革中更好地完成对粮食品种的提升，中国粮食产业可以从澳大利亚的经验中得到以下启示。

6.5.2.1　建立和推广农业生产标准化体系

健全的农业标准体系对澳大利亚的农业发展具有重要意义，提高了农产品质量，对其成为重要粮食出口国起到重要作用。中国过去的粮食生产一直过于片面地强调单位面积产量和总产量，因而过多地使用化肥农药，影响了粮食品质和出口竞争力。粮食品质不高使国内消费者吃的不放心，导致粮食进口量不断增加，农民收入因此受到影响。中国政府应该协调消费者、粮食企业、行业

---

① 2016 年 6 月 6 日，澳大利亚农业与水利资源部发布通告，即日起《生物安全法》取代《检验法》。

② 于爱芝、孙道玮：《澳大利亚农业》，中国农业出版社 2016 年版，第 27 页。

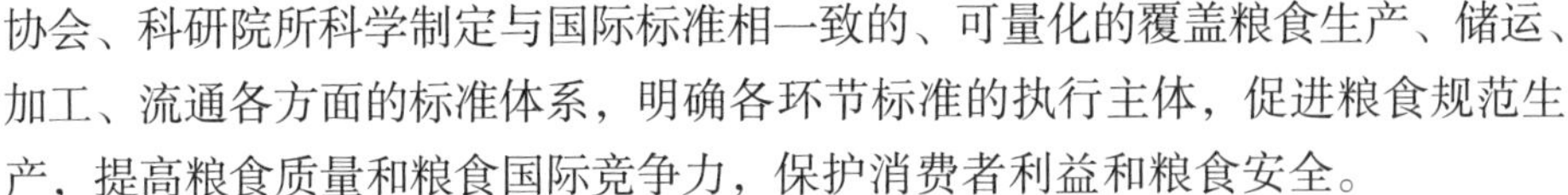
协会、科研院所科学制定与国际标准相一致的、可量化的覆盖粮食生产、储运、加工、流通各方面的标准体系，明确各环节标准的执行主体，促进粮食规范生产，提高粮食质量和粮食国际竞争力，保护消费者利益和粮食安全。

6.5.2.2　形成和完善农业信息网络

信息技术已经渗透到现代生活中的方方面面。澳大利亚通过利用信息技术获取从业相关信息、监管土壤和作物生产情况、预测产量等，节约了人力物力又加强了对市场信息的准确把握。目前，中国农村宽带普及率有待提高，农民电脑操作能力不足，利用信息技术服务农业生产方面也比较滞后。中国应鼓励各电信运营商加快完善农村地区网络覆盖情况，运用包括政府农业推广体系、私人农技推广组织、行业协会等力量，结合大型电商和农业龙头企业，逐步建立信息化的农业生产方式，提高粮食产业的效率。

6.6　日本适时动态调整粮食产业政策的经验与启示

日本的国土面积较小且山区多，农业经营条件较差。第二次世界大战后，日本经济萧条，农业基础设施损坏严重，粮食极度短缺。为了保障粮食安全，日本政府在不同时期出台了与粮食生产和流通相关的各种政策措施，推动粮食科学技术不断发展，改革了粮食流转体系，基本实现了粮食自给。随着日本工业化的发展，日本的农业比较收益不断降低，粮食生产面临挑战，日本政府又及时推出农业调整政策保障农民的利益和粮食产业发展，保障了日本国家粮食安全。

6.6.1　第二次世界大战后日本适时动态调整粮食产业政策的经验

6.6.1.1　实施农地改革促进不同时期粮食生产

第二次世界大战后初期，日本城市粮食供给严重不足，日本政府被迫采取强制措施，以低于市场的价格向农民购买稻米再低价卖给城市居民。粮食的供需矛盾促使日本政府开始探索农村土地制度改革，并于 1945 年、1946 年，分别颁布了《紧急开垦实施要领》和《农地调整法修正法案》，对个人所拥有的土地规模提出明确的限制标准，当土地规模过大时，政府会将超出标准的土地用资金兑换的方式回收，再将其转卖给土地规模符合标准的其他佃农。在这两项法律制度的支持下，日本政府在 1947～1950 年的农地改革期间，以极低的价格收购了地主手中的近 170 万公顷的土地并转卖给佃农，佃农的比率从 45% 降到了 9%，对少部分租赁土地，政府也严格保障承租人的权利，基本实现了"耕者有其田"①。此后，被视为日本农村社会不平等问题根源的旧的土地制度已经完全改头换面。日本农地制度地主租佃制变为自耕农制，造成日本农村社会不平等的土地问题得到了消除的同时，也解决了粮食生产的土地制度问题，日本农业生产从此转向小农经济。日本农民的生产积极性被大大激发，加上日本对"老农技术"的推广和对农业基础设施的改善，日本粮食的土地生产率和粮食产量快速上涨，粮食自给能力大幅度提升。

随着日本工业化不断取得进步，农业比较收益不断降低，小农经济的劣势开始显现。为了转变经营模式，日本的农地制度在 20 世纪 60 年代以后发生了新的变化，其特点就是促进农场经营规模的扩大，推动农业生产从提高土地生产率转向提高劳动生产率。

为了实现规模经营，日本先后推出多项政策来促进当地的农业发展，1975 年提出"农地利用促进事业"，该政策的执行范围在部分地区，达到促进当地土地流转的作用。1980 年，制定《农地利用增进法》，并对《土地法》的相关内容进行了修改，通过该法律和租金补贴、减免税收等方式来改善碎片化经营方式，提高土地流转规模。1993 年，对以上法律进行再次修改，以鼓励土地流转集中，其中主要的措施是推出了"认定农业生产者"政策。这一政策提升了部分佃农的土地规模，但是仍被限制在 5 公顷以内。1999 年 7 月，又制定了《新农业基本法》，以此来推动"认定农业生产者"的执行和发展，提出了"有效率和稳定的农业经营体"这一农业理念。但是，基于日本本土的土地规模，以及日本农民随着非农就业收入的提高而不愿意流出土地，日本农业经营规模的扩大仍然处于发展之中。

6.6.1.2 扶持重要口粮的生产以实现粮食基本自给

日本农地中水田较多，比较适合种植水稻，稻米成为主要口粮。日本自民党的支持者主要来自农村地区，因此稻米成为日本的"国米"和"政治米"。相比之下，日本的小麦和饲料用量生产不多。为了保护日本农民的利益和政党的根基，政府在世界贸易组织（WTO）乌拉圭回合谈判中坚持用数量限制延缓稻米进口关税化。1999 年，日本迫于稻米市场压力，进行进口配

---

① 速水佑次郎、神门善久著，沈金虎等译：《农业经济论》，中国农业出版社 2003 年版，第 156 页。

额制。2000 年，日本将进口配额从基准年消费量的 8% 下调至 7.2%，对超额金额进口的大米征收每千克 351 日元的高关税，有效地阻止了大米进口①。此外，日本政府规定，进口稻米只能用于加工、补充库存和国际援助等用途，严格禁止进口稻米用作口粮。进口稻米并不在日本农业市场中流通，所以进口稻米的价格对当地农业稻米产业的影响较弱，甚至可以忽略。

日本还通过农业基本法制定生产投入支持制度和稻米价格保障制度，对粮食生产进行保护。生产投入补贴包括以耕地改良补贴、农业基础设施建设补贴、生产资料购置补贴和荒地开垦补贴等符合 WTO“绿箱”政策的补贴。对生产者还提供收益保障，具体包括农民收入补偿制度和保护价收购等。稻米价格的制定标准，主要以生产成本加上与产业工人工资相当的劳动报酬。日本对于稻米消费同样推出补贴。当稻米价格出现大幅上涨时，政府以低于购买价格向消费者出售粮食，保障日本稻米作为主粮的供给。1960 ~ 1970 年，在日本政府稻米自给政策的支持下，日本稻米的自给率从 1960 年的 102% 上升到 1970 年的 106%；但是日本谷物自给率从 82% 下降到 46%，降幅近 40%②。在 20 世纪 50 年代中期之后，在经济水平与人均收入普遍提高的情况下，日本居民消费需求也从满足基本生活条件向高水准的健康饮食需求转变，对果肉、蛋、奶的需求越来越高，同时小麦和饲料粮也成为越来越多人的选择。1955 年起，日本就提出粮食进口战略，对玉米、大豆、小麦和稻米的进口制定标准，并逐渐提高大米和饲料粮的进口量，同时在口粮稻米、果肉、蔬菜等农产品上做到自产自销。

6.6.1.3　根据供需变化调整粮食种植结构

日本的粮食生产在农业基本法的保障下取得了巨大成功，其稻米产值在 1967 年超过 1 800 万吨，达到历史峰值。但是，随着日本经济的发展，日本的饮食习惯开始西方化，对稻米的需求逐渐减少，对小麦、玉米的需求开始增加，出现了稻米库存积压而小麦、玉米供给不足的情况，出现了供给与需求的结构性问题。为了满足日本国内粮食需求的变化，日本政府于 1970 年推出了“综合农业政策”，鼓励农民根据市场需求对粮食种植品种进行更换。鼓励内容为：通过水稻补助的方式来减少水稻的种植规模，鼓励稻农改种其他品种或休耕。该政策的主要措施包括：第一，通过发放休耕、品种改种补

---

① 速水佑次郎、神门善久著，沈金虎等译：《农业经济论》，中国农业出版社 2003 年版，第 227 页。

② 安琪、朱晶、林大燕：《日本粮食安全政策的历史演变及其启示》，载于《世界农业》2017 年第 2 期，第 77 ~ 81 页。

贴调减水稻种植面积；第二，减少普通水稻种植面积，增加优质稻种植面积；第三，引导农民增加小麦、玉米等市场需求不断增加的粮食品种的种植面积。“综合农业政策”的实施起到了较好的效果，日本农业生产结构得到了进一步优化，日本粮食供需市场逐渐达到平衡。

6.6.1.4 制定符合国际规范的粮食生产支持政策保障农民利益

日本于1995年加入WTO。根据乌拉圭回合谈判达成的《农业协定》的要求，日本以价格补贴为主的粮食支持政策不符合WTO关于农业补贴的“绿箱”政策的要求。日本不得不将农业支持政策的方向转向农业基础设施建设、农业科研投入、农业技术开发与推广，以及农民收入补贴等符合“绿箱”政策要求的方面。日本政府于1998年推出了“稻米经营稳定计划”。该计划的具体内容为组建水稻经营稳定基金，基金为农业和政府按一定的比例共同出资筹建。根据政府政策调整水稻种植规模的农民，因水稻价格降低而造成的损失会从基金内获得赔偿，基金的构建降低了农民的种植风险，较好地保障了日本农民的利益。这也是日本政府第一次推出农民收入补贴政策。1999年，日本颁布了《粮食·农业·农村基本法》，该法改变了对农民的补贴方式，由粮食价格补贴转换到直接收入补贴、公共服务及农业基础设施建设，补贴方式的转变代表了其保障方式由农业生产转移到农业收入上。1999年，日本政府又提出“农业经营对象培养”政策，重点放在支持具有现代农业经营知识、进行规模生产的新型现代化农民身上，以此刺激骨干农民的生产积极性和生产潜力，提高粮食生产的效率。

日本现在的耕地总量中，山区耕地占比40%。因为自然环境的差异，在日本农业发展中，平原地区水平普遍高于山区及半山区，山区耕地种植面积少、种植积极性差，存在大部分荒地。日本政府针对这部分地区的农民推出了直接收入补贴制度，以提高他们的种粮收入，力求使各地区的农民收入保持在同一水平线，在2007年针对山区及半山区的种植政策来保障山区农民收入补贴的实施。虽然日本政府推行绿色农业生产方式，一部分农民的生产成本上升，但2005年政府又提出了三种补贴方式，具体包括生产支付、水利环境保护支付和收入差额支付，以此来保障这部分农民的收入。为了激发骨干农民的生产积极性和实现粮食产品结构平衡，日本政府在2007年制定“跨品种经营稳定政策”，对粮食生产结构进行调节。

6.6.1.5 积极开发海外农业资源

由于日本农业经营条件的限制，以及不断上升的人力资源成本，日本农业积极探索“走出去”的战略，寻求通过海外粮食供应的方式来保障国内粮食需求。主要有以下两种模式。

第一，建立政府搭桥、企业跨国开展农业的发展方式。一方面，政府通过建立数据分析办公室（ODA）组织来达到对国内企业跨国进行农业发展的援助，提供其在非洲、拉丁美洲、东欧等国家和地区的外交支持；另一方面，日本对受援助国家农业生产给予各种援助方式。日本政府在2009年4月举办的海外农业投资促进会议上提出，必须加大与中南美、东亚、中亚等大豆、玉米生产大国的合作，并且在海外建设自有粮库，以保证粮食的充足；同时，为粮食出口提供便利的交通环境和基础设施的支持；日本政府以扶持民间企业的方式来提高在中南美洲等地区的农业参与程度。日本于2009年8月提出海外农业投资在发展过程中可以通过保障粮食安全来达到推动作用，并提出相关的政策方针。该方针明确提出，要通过政府和农业协会协作来引导企业加大对中南美、中亚、东欧等国家和地区的农业投资。2011年，日本贸易振兴机构、经济产业省、日本国际合作银行（JBIC）、财务省、日本贸易保险公司（NEXI）、日本国际协力组织（JICA）在农林水产省和外务省的牵头下，多次参与并召开促进海外农业投资的相关会议，并在会议中提出诸多海外农业投资的创新方式。日本政府利用包括贸易保险、ODA、投资环境准备、国有金融支持等机构对农业发展所能提供的信息支持，提高日本企业参与海外农业的优势。

第二，日本通过诸多政策鼓励本土企业参与到海外农业的生产和经营中。现阶段，日本企业参与海外农业投资的方式主要有四种：一是日本企业不直接参与海外农业生产，而是选择与当地人合作经营，利用当地人对本地区情况的了解以减少经营风险。合作方式一般为，本地投融资方提供土地并占51%的股份；日本企业提供资金、技术和其他基础设施并占49%的股份。二是订单生产。日本企业根据自身需求，与海外农民签订购销合同，收购当地生产的玉米、大豆等粮食。为了节约成本和保障产品质量，日本企业通常还向当地农民提供农业机械、技术指导和资金援助。三是收购当地的农业企业和农业生产设施。例如，日本丸红商社于2012年5月对美国规模第三的粮商Gavilon实施收购，收购金额为36亿美元，从而一跃进入全球最大谷物交易商行列，年度谷物交易量从2 200万吨扩大至4 000万吨，市场影响力大大增强①。此外，日本三菱商事也斥资收购了巴西粮食公司20%的股份，并在巴

① 中华人民共和国商务部网站：《丸红计划收购美国第三大谷物交易商》，2012年5月8日，http：//www.mofcom.gov.cn/aarticle/i/jyjl/j/201205/20120508110903.html；《日本丸红斥资36亿美元收购美国谷物商GAVILON》，2012年5月30日，http：//www.mofcom.gov.cn/aarticle/i/jyjl/j/201205/20120508153359.html。

西全境设立谷物收购网点，日本三井物产也在世界各个国家和地区内参与农业产业的海外投资。四是租赁当地农场或购买当地土地。除了与当地人合营，日本也加大了在海外直接购买土地或农场的力度。目前，日本企业已经在南美洲、亚洲、欧洲和北美洲的多个国家和地区购买了海外农场进行自主经营。日本海外农业开发已经有近百年的历史，其势力范围遍布在世界各地，粮食资源来源于世界各地，提高了国内粮食资源的安全性。

6.6.2 对中国粮食供给侧结构性改革的启示

经过第二次世界大战后数十年的发展，日本农业已经进入现代化的高效发展模式。日本粮食产业在发展过程中根据不同的经营思路不断完善的政策体系是其成功的关键。中国和日本同样处于东亚，饮食结构相似、经济发展轨迹相仿，也同样面临耕地资源紧缺和人口压力问题，日本的粮食产业发展经验对中国具有重要的借鉴意义。

6.6.2.1 口粮基本自给是国家粮食安全的基础

作为经济购买力强大的市场经济国家和 WTO 成员，日本理应放开粮食的全面进口。但是日本对作为“国米”的大米的进口制定了高额的关税，并限定了进口大米的用途，以保证国产大米的销售。此外，日本政府根据 WTO“绿箱”政策的要求，通过改良农民生产生活条件、加大农业技术研发和推广力度、加强农业基础设施建设、变价格补贴为收入补贴等方式，来保障农民的利益和国内稻米产业的安全。可以说，保证大米的基本自给是日本粮食安全战略的核心。

参考日本的经验，我国必须要从战略上确定 1～2 种核心口粮并确保自给，把粮食安全的主动权握在自己手上。试想一下，如果中国大米依靠进口，全世界大米的年贸易量还不足我国年需求量的 1/4，粮食安全无从谈起。为了保障大米的自给，需要进行各项粮食供给侧结构性改革，提高粮食产能和粮食发展质量，保障农民种粮收入，实现粮食产业的可持续发展。

6.6.2.2 促进土地流转，鼓励规模经营

第二次世界大战后日本的“耕作有其田”的农业政策激发了农民生产的积极性，加上当时稻种技术的推广，日本的水稻土地生产率得以迅速提升。日本水稻单产水平在 20 世纪 50～70 年代中期位居亚洲第一位，直到随后被

韩国超过①。然而随着日本工业化的不断推进、日本人口老龄化，以及各国农业科技和耕作技术的提升，日本传统耕作技术不再具有单产上的优势。同时，日本经济的不断发展造成农业比较收益偏低，农民弃耕离农现象越发严重。日本因此开始调整农业政策，通过各种支持政策补贴农民收入，并通过促进农地流转推动农业规模化经营，以提高劳动生产率、降低经营成本。至此，日本的粮食生产从重视提高土地生产率转向为重视提高劳动生产率，并取得了较好效果。中国和日本同样面临地少人多、山区多的特点，耕地呈现细碎化和分散化的现象，农业规模经营发展滞后，劳均生产率低，粮食成本高。在家庭承包责任制的制度红利消耗殆尽，新的重大技术没有出现之前，中国的粮食生产要想提高品质和效率，应学习日本农地流转和规模化经营的经验，通过适当的政策导向，提高农业粮食生产的劳动生产率、降低成本、提高农业比较收益，提高中国粮食竞争力。

6.6.2.3 制定合法、合规、合理的农业补贴制度

补贴对于日本粮食生产影响甚大。日本的农业支持政策十分注重其法律支撑。从 1942 年开始，日本相继出台了《粮食管理法》《新粮食法》《粮食法修改案》《农业基本法》《食物、农业、农村基本法》。此外，日本还制定了与主要法律相配套的法律体系，如《开垦助成法》《土地改良法》《农业改良促进法》《农业机械化促进法》《主要农作物种子法》等。在农业发展的各个阶段，日本政府都适时出台了相应的法律法规，保证农业生产有法可依，运行顺畅。反观我国，涉及粮食补贴的法律法规较少，主要是各部门出台的一些管理条例。此外，我国粮食补贴主要是针对粮食生产而非农民收入，这造成农民为了补贴而生产，从而造成粮食库存高、农民收益低，粮食补贴成本高、效率低的问题。借鉴日本经验，我国应该尽快建立以收入补贴为目标的相对完善的法律政策体系，提高补贴效率。日本还通过调整补贴政策的方式，调整农业经营方式。1999 年，通过“认定农业经营者”制度，日本的补贴向认定农业经营者集中，支持了精明能干型农民的发展，提高了粮食生产效率。2000 年以后，日本推出“跨品种经营稳定政策”，将补贴的目标群体调整为多元化种植的骨干农户、核心农户。此外，日本在 2000 年颁布了《针对山区、半山区地区等的直接支付制度》，主要是针对山区的农牧业，目的是保证山区农民和平原农民收入相当，体现出日本收入补贴政策的合理性。而我国实际操作中由于流转登记过程的不规范，一些土地的承包者并非实际

① 速水佑次郎、神门善久著，沈金虎等译：《农业经济论》，中国农业出版社 2003 年版，第 123 页。

经营者，而补贴按照土地承包人发放，造成补贴方法不精准，损失了补贴效率。

借鉴日本的有益经验，对粮食补贴的方式进行调整，向多种新型经营主体增加倾斜的力度，适当利用补贴鼓励农民进行粮食种植面积和结构调减，向土地经营者而非承包者倾斜，真正发挥补贴的粮食供给结构调节和农民收入调节功能。

6.6.2.4 利用国际国内市场合理调节粮食进出口

作为市场经济国际化和WTO成员，日本放开了大部分农产品进口，在某些粮食品种上形成了较强的进口依赖。但是日本在粮食进口和自给粮食品种的选择上有严格的标准。根据国内的消费习惯，日本政府大力保护稻米生产、限制稻米进口，以保证国家粮食安全。对小麦、玉米和大豆等粮食产品则放开进口，用以调节国内市场的供需状况。在政策上可以说有保有放。

中国粮食生产面临着巨大挑战。中国作为世界第一大粮食消费国，国产粮食价格和品质竞争力低，面临着极大地进口冲击。要保障国家重要口粮的自给，形成粮食生产的比较优势，在粮食生产品种上有保有放。对于一些不具有比较优势的粮食产品的生产，可以借鉴日本的经验，用适度进口、订单生产和当地合营等方式保障供应。

6.6.2.5 加快探索实施农业“走出去”战略

日本政府在利用国际农业资源服务国内粮食市场上的经验值得中国学习借鉴。日本利用其国家影响力，尤其是经济实力，对农业生产条件较好的国家或地区进行援助，为国内农业企业走出去搭桥铺路，包括提供各种支持手段，创造了较好的农业“走出去”模式。在海外农业开发上，日本企业探索了对于当地农业经营参与的不同程度，可以根据具体情况选择最佳方案。

我国在粮食政策上一直坚持自给自足的政策，在海外农业资源开发上还处于尝试阶段，战略上的认识还不清晰，相关的配套政策尚不完善。大多数的农业企业没有海外运营的经验，加上农业本身的脆弱性，海外农业资源开发的积极性不高。我国农业生产面临的资源约束条件不断加大，粮食生产面临供给侧结构性改革的紧迫任务，具有海外农业开发的需求。国家推出的“一带一路”倡议，为海外农业开发创造了条件。我国可以学习日本，由政府牵线搭桥，企业后续跟进开展海外农业资源的投资利用。充分发挥国有企业的核心作用和民间资本的活力，在农业生产能力、农业市场参与、重要码头港口等领域，探索多种形式的海外农业资源利用方式，为我国粮食市场的供需平衡和粮食安全保障提供调控作用。

6.7 本章小结

本章选取各国最具特色的粮食产业发展经验进行了介绍，其中某些做法在各国都普遍存在，本书只是选取了最具代表性的某一个国家进行介绍。美国粮食产业着重利用了市场化来提供信贷、保险、期货等各方面的服务，政府也通过粮食收储公司变相对农民的收益给予保障；德国通过完善的农业职业教育来发展粮食产业；法国通过农业协会对粮食生产、销售、农机租赁等各方面给予支持；以色列注重利用农业科技发展集约型生态农业；澳大利亚出口导向型农业注重农业标准的建立和对网络信息技术的应用；日本则通过政府制定各种农业和粮食政策法规完成了粮食产业的调整。在基于市场发展粮食产业的同时，各国政府都扮演了积极的角色。政府的角色主要体现在对农业科研的支持、对农业法规和标准的制定和执行、对农业基础设施的完善、农民职业教育的投入，以及对农民收入的补贴。这些措施保证了天然弱质性的农业在经济比重不断缩小的情况下，仍然能够健康持续发展，保障了各国的粮食安全，对中国的粮食供给侧结构性改革具有重要借鉴意义。

第 7 章

中国粮食供给侧结构性改革的对策建议

速水佑次郎（2003）在分析日本农业政策和日本建立自立农业的可能性时指出，今天的维持现状将不可避免地带来明天的衰退①。在中国粮食生产资源约束日益严峻，呈现高成本、高库存、高进口的现实情况下，实施供给侧结构性改革，对粮食生产经营模式、社会化服务水平、流通体制、价格机制和支持政策等方面进行调整和优化，已经迫在眉睫。

针对 2018 年《中共中央、国务院关于实施乡村振兴战略的意见》中“确保国家粮食安全，把中国人的饭碗牢牢端在自己手中”和中国共产党第十九次全国代表大会报告中“实施食品安全战略、让人民吃得放心”的要求，以维护粮食主权和保障粮食安全为最终目的，运用公共产品理论、舒尔茨农业发展理论、速水佑次郎粮食问题三阶段理论和盖尔·约翰逊关于中国粮食问题的研究发现，结合中国供给侧结构性改革的思想，以提高中国粮食质量为落脚点，提出中国粮食供给侧结构性改革的政策建议。

7.1 中国粮食要素市场改革对策

生产要素是粮食产业发展的基础。发达的要素市场、高质量的要素供给，对粮食产业的转型升级能起到很好的助推作用。

① 速水佑次郎、神门善久著，沈金虎等译：《农业经济论》，中国农业出版社 2003 年版，第 310 页。

7.1.1 建立规范、有序、发达的农地流转市场

随着工业化的不断发展，农业在经济中的比重将逐渐萎缩，农业比较收益下降。要降低农业成本、提高农业劳动生产率从而提高农产品竞争力和农业比较收益，必须提高农业土地装备率，实现规模化经营。目前，我国农村就业人口较多，人均耕地面积小，土地细碎化程度高，提高土地流转是实现粮食生产规模化的必由之路。目前，我国农地流转率约为30%[①]，土地集中度仍然处于起步阶段，需要加快流转速度和效率。但是，目前农村耕地流转的制度还有待完善。张良悦（2016）指出，农业发展的目标性、制度变迁的工具性与农地流转的规范性要互相适应。在农地流转实践中，存在农地产权主体虚置、产权内容模糊，造成流转困难。村民之间，集体与个人之间存在不少遗留问题，进一步加剧权属信息不明。2016年，农业部印发了《农村土地经营权流转交易市场运行规范（试行）》，该规范的首条交易原则就是产权清晰无异议。农村耕地产权明晰指的是四至边界明晰的产权。对于限制中无法明确四至边界的农村土地，2015年的《中共中央、国务院印发关于加大改革创新力度 加快农业现代化建设的若干意见》指出，要总体上"确地"到户，从严掌握确权确股不确地的范围。土地确权登记后颁发的《中华人民共和国农村土地承包经营权证》中的土地承包权和经营权是合二为一的，其中土地经营权没有独立出来，可能为三权分置带来困难。2018年中共中央、国务院印发的《关于实施乡村振兴战略的意见》，要求完善农村承包地"三权分置"制度。为了推进农地流转市场发展，要尽快完成农地确权颁证，实现"三权分置"的政策目标，解除土地经营权虚置的困局，为农地规范流转夯实制度基础。值得注意的是，中国农村土地承担了就业缓冲和社会保障的特殊职能。要合理适度规范地推进土地流转，避免行政命令的方式一刀切。通过加强农村社会保障体系的建立和完善，增加转出土地农民的就业渠道和技能，可以尽量避免出现社会问题。对流转土地的用途，要加强监督，避免农地非农化、非粮化。合理规范的农地流转制度是粮食供给侧结构性改革的目标之一。

根据日本土地流转的经验，在实践中利用市场机制促进土地集中耕种的效果微乎其微，这跟中国目前土地流转市场的情况相符。要提高土地流转的

① 腾讯财经：《工商资本流转的土地大约10%》，土流网土地流转专栏，https://www.tuliu.com/read-10860.html。

效率，建议各级政府扶持成立土地流转中介组织，充分发挥其在土地流转中的作用，完善土地流转的服务体系。还可以以乡镇作为基础，创建一个土地流转服务平台为流转双方提供法律和政策帮助。政府还可以在各级土地管理部门设立土地流转管理机构，赋予其相应的管理职权，对农业土地的用途、项目、面积、价格等进行规范化管理，并对土地流转过程实行监督，避免强制流转，也避免流转双方因为信息不对称失去流转机会，为粮食规模经营创造前提条件。

7.1.2 培育新型职业农民群体

被认为是人力资本理论创立者的美国农业经济学家西奥多·舒尔茨通过长期对农业经济问题的研究发现，美国农业生产率和产量提高的主要因素是农业人力资本的提升和农业科学技术水平的不断进步，而不是传统上认为的土地数量、劳动力数量和农业资本存量。舒尔茨认为，应该把人力资本作为农业经济增长的主要来源，加强对农民的投资，使其能够获得并有效地使用现代化的农业生产要素[①]。

农业劳动者不具备或只具备单一的科技素质，使其就业渠道狭窄，从事工作面不宽，对农业劳动者收入增长影响较大。由于农业比较收益低，随着农村第二、第三产业的发展，许多文化程度较高的农业劳动者转移到了第二、第三产业，致使农村老龄化、空心化，留在农村的农业劳动者的科技素质更低，对可替代的农业新技术反应不敏感，内在的需求动力表现出明显的不足，使之成为制约农业科技成果转化效率、阻碍农业现代化发展的一个重要因素。这种现象符合舒尔茨所说的没有增长动力的传统农业的途径。农业现代化必然带来对粮食生产过程相对较高的科学技术要求。以具有先进农业知识的新型职业农民为代表的优质而充足的农村劳动力结构有助于实现粮食生产的现代化，提高粮食产业的劳动生产率，降低生产成本，提高粮食产品和粮食产业的竞争力，应为粮食供给侧结构性改革的目标之一。

随着我国粮食生产受到的资源约束不断加强，农业生产规模化的提升，以及农业产品标准与国际接轨，农业生产的技术性会不断增强，对农民的科学技术知识要求也更高。进行农业相关的学习并通过考试获得农业从业资格证书，可以提升农业人力资本，为农业现代化的实现打下基础。而通过考试

① 舒尔茨著，梁小民译：《改造传统农业》，商务印书馆 1999 年版，第 150 ~ 151 页。

持有农业从业资格证的农民享有普通产业工人的待遇，在收入、社保等方面都得到保障，会更专心从事农业，提升农业的效率。中央提出的农村土地"所有权、承包权、经营权"三权分置的制度设计为农地流转创造了条件，为粮食产业深加工和产业融合发展创造了条件，为职业农民在规模化经营的粮食生产活动中创造了用武之地。

要培养具有科学文化知识的新型职业农民，需要制定良好的相关配套政策。首先，农业教育体系要完整规范，让农民有明确的职业发展方向和向上通道。其次，要从法律制度上保障农民和产业工人享有同样的待遇，解决农民后顾之忧。这类新型职业农民从事农业生产后，可以在政策上对其提供扶持，比如税费的减免、购买农业机械和进行技术培训方面的资金扶持措施，以及为农业产品提供帮助。

对于家庭农场、专业大户、农民合作社和农业产业化龙头企业等各种形式，政府应该积极给予帮助，并利用好他们的示范带头作用，依托这些载体和其他农民合作组织的资源开展对职业农民和准职业农民进行相关技术培训，同时，还要做好职业农民与劳动力市场的对接工作，为职业农民的发展创造良好的平台。

完善有利于培养职业农民的外部环境。发展职业农民从多方面入手，优化环境，为职业农民的发展创造条件，比如职业技能的配套，社保体制的介入等，这些都需要明确政府的主体地位。首先，农业需要得到发展，特别是现代化农业，要制定好培养新型职业农民的工作规划；其次，逐渐形成以政府资金为主，企业、社会基金等投资为辅的多元投资体制，并建立健全政府主导的局面，要针对市场办学，形成一个比较完善的农民职业教育的培训方式；最后，政府相关部门如农业部门、教育部门还应协调企业和农业生产组织相关方面，合理设置培训的专业及内容，搭配好高、中、低三个层次农业职业教育的比重，在培养农业生产的理论知识和实践能力的同时，将食品安全教育贯穿培训全过程等。

7.1.3 完善农民融资方式

粮食生产的规模化常常需要较大的资金投入用于土地、机械、技术及人力投资等方面。随着农业现代化和规模化经营已经成为必然趋势，农民需要更多的资金支持，而农业中长期贷款投入不足是一个长期存在的问题。一方面，农业本身具有容易受到天灾、气候、经济环境影响的弱质性，加上中国传统的小规模家庭经营为特色的农业生产中存在小农经济意识、产业化发展不足，客观造成了行业风险高并导致贷款成本高，在融资贷款时存在困难。另一方面，农民缺乏清偿能力，而且拥有的抵押物市场价值较低，甚至农民的一些财产在贷款抵押中存在产权不清的制度障碍，如房子、农村土地、农业生产设备等，都不能获得农村金融机构的认可，农村金融机构出于资金安全考虑，往往拒绝放贷，造成贷款利息提高，无形中又增加了资金贷款安全成本。完善贷款利率定价机制是缓解新型农业经营主体融资难的重要手段。目前，涉农金融机构贷款利率定价缺乏针对性、差异性和技术性，对现代农业领域金融资源有效配置产生了抑制作用。应坚持均衡适度、科学合理的原则，在充分吸收借鉴传统农贷利率定价有益经验的基础上，研究设计适合新型农业经营主体融资需求特点的贷款利率定价模式，并辅之以相应的配套支持措施，以优化改进利率定价机制，提升新型农业经营主体融资绩效，切实发挥好利率定价在农村金融资源配置中的重要作用，进而为现代农业加快发展提供有力的金融支撑。

建议采取以下措施拓宽农民的融资渠道，支持粮食生产。

第一，支持多渠道融资。目前我国农户因为经营规模小、可抵押物少，融资渠道还比较匮乏，常常借不到钱。国外一些发达国家以及发展中国家，比如南美洲地区和孟加拉人民共和国在针对弱势地区、弱势群体提供支持小额信贷方面积累了不少成功经验，值得我们参考借鉴。针对农业风险高、农民还贷能力偏弱这一现实，为了鼓励企业向农民贷款，政府可以牵头成立保险公司，为针对农民的小额贷款公司提供保险服务。根据国外的经验，农村只要得到合适的技术支持和资金支持，其还贷能力并不差，甚至比城市居民更高。政府在推出小额贷款业务时，可以把贷款和技术扶持结合起来，提高还贷率，减少违约的发展。

第二，根据实际情况拓展信贷业务范围。根据农村当地小额贷款的目的、对象、额度等实际情况来拓展业务范围。小额贷款的基本目的主要是给农民自立提供资金，改善农民家庭的生产状况。根据家庭经济的好坏及农业经营的规模，贷款的额度和范围可以逐渐增加，从几千元到几万元。在保证用途是提高粮食种植效率的前提下，鼓励贷款的对象扩大经营规模和范围，如开展粮食深加工等，提高资金使用效率。

第三，加强风险管理，防控贷款风险。农村小额信贷的风险比一般的贷款偏高，因此需要建立谨慎完善的风险监管预警机制，从源头上减少农村小额信贷风险。加大力度建立农村家庭经济档案，跟踪信用率，对不同信用程度给予不同信用额度。推动不同贷款机构之间共享信息统计系统，降低系统漏洞。向农民普及信用及风险的基本知识，帮助其认识到小额贷款对农业生产重要性，使其主动避免违约，降低贷款风险，提升贷款质量。同时，还应该建立紧急情况备用金，以应对极端天气情况或大自然灾害等，把风险降到最低。

第四，建立科学合理的小额贷款利率制度。利率是调节贷款收益的重要手段，也对贷款人具有约束作用。小额贷款具有额度小、没有抵押物等特点，因此贷款利率可适当上浮，并根据贷款人信用特征的不同而调整，尽量做到贷款准确发放，实现对农业生产的支持。对发展规模粮食生产和粮食产品加工等项目适当的延长还款期限，从而促进我国农业的可持续发展。

第五，促进农村信贷的可持续发展。政府通过产业政策引导粮食产业化发展，提高粮食产业效率，从而提高贷款的回收率，促进贷款的可持续发展。鼓励信贷公司加强跟农业合作社等专业化组织合作，鼓励信贷公司把资金尽量贷给组织化经营的农户，提高对贷款风险的把控，减少贷款的风险。另外，鼓励信贷公司不断针对不同产业和用途推出新的信贷产品，繁荣农村信贷市场，为粮食生产做出贡献。

7.2　中国粮食经营模式改革对策

粮食产业的发展模式在很大程度上决定了粮食经营的效率。过去我国粮食产业由于经营规模小、行业技术水平不高，粮食经营比较重视土地生产率的提升。在粮食各项成本不断上升的情况下，继续强调单产，可能会导致成本和库存双高。通过转变经营模式，降低粮食生产成本，提高我国的粮食生产效率，特别是要注重粮食的质量，这些都是粮食供给侧结构性改革不得不面临的选择。

7.2.1　培育多元的粮食经营主体

中国目前的粮食生产主要是以家庭为单位进行的。这种生产方式规模小，机械化程度低，劳动生产率低，不符合农业现代化的要求。要提高农业生产效率，必须提高生产规模。2017年《中共中央、国务院关于深入推进农业供给侧结构性改革加快培育农业农村发展新动能的若干意见》明确鼓励发展多种新型农业经营主体。2018 年《中共中央、国务院关于实施乡村振兴战略的意见》则要求加强农村专业人才队伍建设，培养扶持一批农业职业经理人。新型农业经营主体主要指各类以经营农业为职业的个人和组织，包括种粮大户、家庭农场、各类农业合作社等。这类经营主体通常具有以下特点：一是具有较高文化素质，较强的身体条件、较新的经营理念和较先进的生产技能；二是在农业生产中的机械化水平和产业化水平较高，土地生产效率也较高；三是粮食经营规模较大，在北方一些种粮大户的经营规模一般超过 100 亩，高的甚至达到 1 000 亩，有利于应用各类先进的种植技术；四是生产能力强且粮食产量高。据农业部统计，2012 年我国种粮大户粮食单产高于全国平均水平 50%；种粮大户和粮食生产合作社的粮食总产为 2 400 多万斤，占全国粮食总产量的 21% 以上①。随着工业化和城镇化进程的快速推进，在坚持现行的家庭承包经营制度的基础上，加快培育新型农业经营主体，利用各类社会力量从事粮食生产，形成多元的粮食经营主体结构，促进土地使用效率和粮食生产质量的提升，已经成为保障国家粮食安全、转变农业发展方式和推进农业现代化的现实要求。

第一，大力发展家庭农场和粮食生产专业大户。在中国农村大量农村劳动力转移到非农领域的情况下，农村耕地的使用逐渐变得不充分，甚至出现弃耕抛荒的现象。农地确权使得他们在自愿和有偿的前提下，将土地使用权转移给种田能手，在收取一定的流转费的同时，扩大经营，从事专业化、集约化农业生产。家庭农场和专业大户有效提高了土地利用效率。

第二，积极探索农民专业合作社模式。农民专业合作社是同类农产品的生产经营者或者同类农业生产经营服务的提供者、使用者，按照民主管理的原则，在自愿的前提下，联合起来成立的互助组织（张晓山，2014）。这种合作社的形式既保证了农户作为土地和合作社主人的性质不改变，又实现了农业的规模经营，促进了现代农业的发展和新技术的应用。有条件的合作社还可以逐步发展成为农业企业。当前中国农村的合作社主体大致包括以下几种形式：即农民专业合作社、农村社区集体经济组织，以及多种类型的农业社会化服务组织等。这些组织为农村的生产活动提供了重要的支持与保障，同时也促进了农业基本经营制度的调整与优化，是农业经营体系中重要的主体。功能齐备的农业专业合作组织可以提供粮食生产产前、产中、产后的各

① 贾蕾、甄瑞：《关于粮食适度规模经营问题研究》，载于《农业经济》2015 年第 11 期，第 3～4 页。

种服务，包括化肥农药和种苗的销售，农业机械设备的租赁，粮食的烘干、储存、销售，以及各种技术服务等。四川省崇州市采取了土地确权到户的方式，将农户的承包土地折股进行量化，组建土地合作社，再委托给农业职业经理人负责生产，经营所得的收益则是按照占股的数量分配，经过多年的实践后，取得了较好的效果。该模式下，由于农业生产服务对象的扩大，还催生了农业社会化服务一站式超市，为崇州市职业经理人模式的粮食规模经营提供了很好的帮助，成为我国粮食供给侧结构性改革值得借鉴的案例。

第三，培育粮食龙头企业。粮食龙头企业在粮食产业化经营中，对内关系到千家万户，对外则是关系到市场，是农业产业化的核心所在，决定着农业产业化发展的水平。要实现粮食产业化经营发展，必须培育和扶持粮食龙头企业，树立品牌，以粮食龙头企业的影响力和资源优势带动粮食经济的全面发展。培育和扶持一批粮食加工龙头企业，建立具有国际竞争力的品牌。推动加工企业与流通企业的跨界联合，优势互补，延长粮食产业链，不断把粮食企业做大做强。转换企业经营机制，创新和完善企业内部机制，大力培养、造就一批粮食产业化经营的企业家，大胆探索各种不同形式的运行机制，增强粮食企业竞争力。

第四，规范引导工商资本进入粮食产业。工商资本进入粮食产业有利于推动粮食的产业化和标准化；同时也可能因为经营不善而随意退出，影响收益。中国共产党第十八届中央委员会第三次全体会议通过的《中共中央关于全面深化改革若干重大问题的决定》提出，“鼓励和引导工商资本到农村发展适合企业化经营的现代种养业，向农业输入现代生产要素和经营模式”，明确提出了可以让工商资本进入到农业中。2017年《中共中央、国务院关于深入推进农业供给侧结构性改革　加快培育农业农村发展新动能的若干意见》明确了“鼓励和引导城市工商资本到农村发展适合企业化经营的种养业”的指向。工商资本进入农业不仅会带来农业产业化需要的资金、技术、人才，还可以促进农民生活方式和思想观念的变化，而不是只算投入产出的经济账，使农业生产朝着更可持续的方向发展。涂圣伟（2014）认为，工商资本进入农业领域可以带来三个方面的规模效益：一是带来稀缺的资金和先进的技术、管理等生产要素；二是集中了土地资源，实现连片经营和规模化种养；三是通过基础设施增加了农业资本存量。工商资本下乡可望引导农业经营产生枢纽化、功能性、网络化的发展特色，完善现代农业综合服务职能，延伸农业产业链，从而大大提高农业生产效率。工商资本进入农业的形式包括“公司（企业）加农户”“公司（企业）加基地加农户”“订单农业”的产前模式，也包括在生产过程中提供农业技术服务的模式和粮食流通及加工领域参与的形式。工商资本进入粮食行业对产业链延长、促进一二三产业融合，提高粮食附加值和粮食产业效益具有积极作用，应满足这类农业新型经营主体进入农业的合理诉求。由于资本的逐利性，以及工商资本相对农村和农民的强势地位，要加强对工商资本的监管，探索严格的工商企业租赁农户承包地准入制度和监管制度。工商资本进入的目的是要带动农户搞生产，而不是与农户竞争甚至把农户挤出产业之外。要抑制工商资本进入农业后可能带来非粮化、非农化的负面影响。各地要明确对工商企业租赁农户承包耕地做出时间、面积的最高限制。建立健全资格审查和项目审核制度，要按面积实行分级备案，还应该要建立动态监管制度，相关的部门要及时、定期地对农业经营、土地的使用等情况进行监督和调查，一旦发现违法行为或者是不按要求履行合同要求的情况出现，要及时制止。引入农民监督的机制，形成社会共治，建立起风险保障金的措施，加大监督管理的力度，保护好农民的合法权益不受侵害，特别是土地的权益不能受到侵害。总之，既要利用工商资本直接进入农业生产领域带来的产业化、标准化的影响，又要科学合理规范经营者的行为，保护工商资本和农户的合法权益。

7.2.2 大力发展粮食规模化经营

中国农户家庭经营规模过小是中国粮食产能竞争力、国际市场竞争力偏低、农民种粮比较收益低的根源。实行粮食规模化经营可以提高粮食生产机械化率，提高劳均产出，降低生产成本，是我国粮食供给侧结构性改革的重要方向。要发展粮食规模经营，需要做好多方面的工作。

第一，要加快农业劳动力专业化。农地数量固定的前提下，要提高单个农民的耕作规模，必须以减少劳动力人数为条件。转移出的农业劳动力需要到其他行业从事非农工作，这要求政府在农村地区提供和城市水平相当的基础教育服务，使转出农民能够顺利地在非农领域就业，从而为土地集中创造条件。实施规模经营还需要政府提供更好的农业职业教育服务。从事更大面积、机械化程度更高的粮食生产要求更高的农业相关知识，这些知识大部分来自专业的农业职业学校和职业培训学校。这些服务需要政府来提供。另外，劳动力的转移还依赖于城镇化的建设和户籍制度的改革，使转出农民能够找到工作。

第二，推出向规模化倾斜的惠农贷款。农业经营规模的扩大会随之带来土地成本、物资成本和人工成本的增加，对资金的需求会加大。惠农贷款在解决规模经营主体资金来源的问题上具有很大作用，能促进规模经营的发展。要注意的是，惠农贷款的倾斜要体现在资金的用途上，而不是仅仅提供资金。政府要尽量为针对规模化经营的惠农贷款提供支持，比如提供税费减免，或直接扶持贷款等。为了保证贷款的回收，政府和出借人也可以对规模经营主体进行生产技术和市场信息等方面进行帮扶。

第三，充分发挥农业生产合作社等组织的作用。日本、法国等一些国家的经验表明，农业生产合作社和服务合作社等农业合作组织在实现农业生产过程规模化经营的问题上具有巨大作用。日本、韩国以及中国台湾地区的农业合作组织已经被视为发展农村经济、提高农民收入、改善农村社会政治生态和文化生态的重要组织形式。我国分散经营的小规模农户在市场竞争日益激烈的条件下，组织起来将形成更强大的竞争力。农业专业合作社在扩大经营规模，提高生产能力，降低生产成本上有单个农户无法比拟的优势；同时在面对市场，争取资源和防范风险上也具有更大的优势，是我国粮食规模化经营理想的实现形式之一。

第四，促进本土粮食产业化发展水平。农业产业化经营可以体现出农业规模化的发展程度。推动粮食产业化发展，可以带动粮食规模化经营的进步。一体化经营主要是指通过市场的连接作用，把分散经营的个体农户连接到由企业作为核心的粮食产业链上，将原本分散的个体农户通过企业的关联作用形成一个产业整体，实现家庭生产到规模化生产的转变。在一体化经营过程中，既可以壮大龙头企业规模，又可以使品牌意识得以强化，从而对农业产业化发展具有推动作用。具体可通过以下内容来实现农业一体化经营：一是企业与农户的关联方式，农业和企业组成产业群体，拥有共同的利益趋向。基地农户的种植方式和种植品种会以企业标准为基础，企业为农户提供生产资料和管理技术，并包括后期的粮食回收，将分散的农户凝聚成一个整体，形成规模化经营。二是龙头企业在整个产业群体中占有指导地位，对企业和农户进行统一管理，有目的性地进行统一化管理，形成具有规模效应的农业生产基地。在粮食一体化经营过程中，要不断提高粮食龙头企业的管理效率和指导作用，构建完善的运营和管理机制，制定可持续发展战略，根据整体的经营发展提供风险防范措施，在农业利益受损时可以通过风险基地和最低保护价方式来降低农民的损失，同时构建合理的利益分配机制，与基地农户之间协调好利益划分。

7.3 中国粮食产业社会化服务改革对策

7.3.1 完善农业风险分担机制

农业具有天生弱质性，容易受到天气等自然灾害和经济环境的影响。粮食生产更是具有周期长，风险大的特点，尤其需要完善的风险分担机制来保障农民的利益不遭受大的损失。因此，要保护粮食的供给和价格稳定，保障农民收益，需要建立以农产品期货和保险为代表的完善的风险分担机制。目前，我国种植业保险以农作物成本保险为主体，保险类型单一，可入险农作物少，故不能够满足农民需求。另外，我国农业保险存在农户保险意识不强、保险公司从事农业保险业务积极性不高、政府引导作用有待增强等问题。要发挥好政府的主导作用，营造出良好的发展环境，建立起比较完善的法规体系，完善农业保险补贴支持政策，制定有利于农业保险发展的税收优惠政策，使我国农业保险产品体系日益完善。期货市场具有价格发现和风险对冲的功能，对稳定粮食产品价格具有稳定作用。要探索建立多种粮食期权期货和指数类产品，探索期货和保险业务的联动，共同分担农民的种粮风险。

第一，要发展和健全农业保险体系。农业保险对农民的收入损失具有一定的补偿作用，可以帮助农民分担风险。一是要提高农业保险的相关立法。中国农业保险发展尚不完善，目前还没有一套正规且完整的法律法规对农业保险提供扶持。作为一项民生意义重大又高风险的保险服务，急需建立通过相关法律措施来规范农业保险，提高农业保险的作用。只有立规立法提高对农业保险的意识，才能够更好更健康的持续发展。二是提高国家政策支持与财政扶持。农民务农风险高，保险公司承保的风险也相应增加，商业保险公司对此积极性不高。国家财政需要给予农业保险一定的扶持，或退出政府主导的农业保险体系，才能使本国的农业享受足够的保险服务。三是发展再保险体系。农业保险单独由商业性保险公司承担，本来就是一项风险性做法，如果遇到特大的灾害，将会出现保险困难甚至无保险状态。因此再保险是农业保险的一种更可靠的保险。再保险形式多样化，可以采用比例再保险和非比例再保险，形成层层分保，达到农业保险最高化。四是加快探索农业收入保险。我国还没有收入保险，但在目前已开始的保险尝试方面选择了蔬菜及生猪的目标价格，然而这些尝试的覆盖面及赔付额度都非常低。处于初步试点或方案设计阶段的还有黑龙江的大豆、玉米、水稻等大规模种植粮食的价格保险。采取基于价格的农业收入、收益的价格保险可以有效减小这些产品的市场风险，国家的有关单位需要大力促进农业保险方面的引导效应并且积极制定推行这方面的优惠政策，促进我国整体范围普及实施这种基于农产品价格的农业保险，确保农业从业人员的自身利益。另外，期货市场拥有价格发现效用，在制定农业保险产品以及推行保险政策的过程中，可以将保险政策与期货市场有机地联系在一起，充分发挥期货市场优势。五是农业保险经营体制改革。农业保险的特性和其他保险并不相同，需要政府市场双方参与建立多层的保险和保险分担，让个体保险成为国家和市场相互之间的扶持保险，化解农业保险与政府扶持之间的矛盾，达到应势而求的发展保险，让个体成为主体，调整农业保险，形成规模式结构。

第二，要完善粮食期货市场功能。《粮食行业“十三五”发展规划纲要》特别指出，要大力发展粮食期货交易中心，提高其在国际市场中的地位，提高期货市场与现货市场之间的联动性，通过粮食期货交易来对整个粮食产业实现宏观控制。具体来说，必须引导促进粮食期货市场大力侧重于“三农”领域，提升对实体经济的促进效果，引导我国的粮食生产机构借助期货市场开展起“点价交易、基差交易”“期货+订单、期货+保险”新业务；对大型跨国粮食贸易企业给予大力支持，同时企业也要合理利用利率、汇率风险等金融工具来提高自身在国际中竞争优势，实现提高收益的作用；给予贫困地区涉农企业支持和辅助，以粮食期货市场的方式来带动当地涉农企业的发展。期货行业在“三农”领域，可以为其提供套期保值业务培训，为他们讲解期货市场的优势和利用方式，以达到促进自身发展的目的；在贫困地区，期货交易所和经营机构根据自身特点推出适合当地的期货业务，推出“保险+期货”的服务模式，对当地农业的发展提供帮助；在贫困地区，对涉农企业进行审核，当其符合标准时可设立为交割仓库，为其提供定制化的期货服务，如套保、仓单回购、仓单质押等；贫困山区涉农企业，还可以利用风险管理公司或其他机构提供的帮扶方式来促进自身发展，具体包括限定信用额度、约定回购、抵押融资等方式。

7.3.2 改革农业技术推广制度

现代化的粮食生产要求生产过程的科学化、技术化。农业技术（以下简称“农技”）的推广是保障粮食生产效率提高的重要手段。西方农业劳动生产率比较高的国家，比如以色列、澳大利亚等，都在农业技术推广上投入甚多，保证了农业推广体系的成功。考虑到我国农民教育程度不高的现实，要提高农业生产过程的科技含量，需要建立起政府主导、民间参与的多层次农业技术推广体系。政府的推广体系具有公益性，由政府财政承担运行成本和推广费用；民间推广组织可根据农户的需要推出有偿技术推广服务。要充分发挥农业协会在农技推广中的作用，在促进组织加强自律、互帮互助的前提下，实现更大程度的联合行动，克服由于农户小规模经营而导致的分散经营的局限性，从而实现农业生产专业化和集约化水平的提升，并增强农业的综合竞争能力，加快推进农业产业现代化的实现。充分发挥农业行业协会的作用，以协会的资源了解最新的农业技术，争取政府对农技推广的支持，促使农民在生产过程中便利地得到各种农业技术支持。

我国目前的农业推广体系效率较低，建议从以下方面进行改革。

第一，对市级单位以上农技推广机构和人员结构体系进行适当的调整。实际上，现有农技推广体系仍然没有脱离计划经济时期遗留下来的体制，从该体制的特征来看，主要包括以下几方面：政府在整个体系中占据主导地位，整个农技推广体系中市级以上人员数量过多，对实际操作的关注不够，许多适应当地经济发展与农民需求的技术被忽视。推广内容与农民需求不匹配，很多农技推广站实际处于瘫痪状态。基于此，在实际调整与优化过程中，应对中央、省、市三级农技推广机构中的人员结构加以适当调整与优化，针对当前存在的人员过多的情况加以适当减少，同时将同一级别的推广机构进行有效整合与合并，从而进一步扩大推广的广度与深度。同时，充分发挥机构的作用，有效协调科研、教学机构与基层农技推广部门之间的关系，并为科研机构科研工作的开展提供一定的支持与帮助。另外，将农技推广机构在人才、信息等方面的优势充分发挥出来，在现代科学技术的支持下利用现代媒体等多种渠道从事技术信息的发布和推广工作。

第二，拆分现有农技推广机构，并通过有效整合与合并形成新的部门。从现有农技推广队伍的来看，其中50%的农技推广人员在日常生活中的工作内容主要为种子管理、植物检疫、农民负担监督、承包合同管理、动物检疫、农机监理、渔政管理等与行政方面相关的工作，以及种子、农药、化肥、农机等农业生产资料和兽医兽药销售等商业工作，使得推广机构人员过多，管辖范围过大，效率降低。建议成立专门的行政执法和经营部门，将负责这方面内容的人员进行单独划分，并按照实际工作内容分别划分到国家公务员体系和企业化管理模式中。对于前者来讲，其涉及的人员必须按照相关部门的标准与要求加以管理与规范；对于实行企业化管理的人员，促使其能够与当前市场发展趋势相适应；而对于其他的农技推广人员来讲，应积极引导其提供公益性农技推广服务，从而在政府的支持下构建相应的农技推广创新体系。

第三，深入贯彻落实农技推广人员资格准入制度。从整个世界范围来看，其适用范围主要局限于西方发达国家。深入落实科学合理的资格准入制度，能够在最大程度保证整个农技推广人员的综合能力与专业素质，从而保证农技推广效果的显著提升。通过颁发职业资格证书确定合格农技推广人员的资质，并作为受聘于农技推广机构的重要依据；从而让自身综合能力与专业素质相对较低的人员在工作过程中主要以非公益性工作为主。

第四，进一步提高中央财政在农技推广方面的扶持力度。具体来讲，在对农技推广体系进行调整与优化的过程中，政府必须保证其具备的公益性，从而提高对农技推广体系的资金扶持力度。而在这一过程中所涉及的经费，其途径和来源主要包括以下三方面：一是通过对非农技推广人员的分流所结余的农技推广资金；二是从现有税收体系中的农业税、增值税等税种中提取的部分资金；三是中央政府依据当前农技推广现状制定的财政预算。为了确保推广人员的积极性，乡镇农技人员工资待遇要与当地事业单位的平均收入相当；基层农技推广体系其覆盖范围必须要涉及所有农业县，同时在基层乡镇地区也要设立相应的农业推广机构。

7.3.3　培育发达的农机租赁市场

融资租赁是一种新型的融资方式，这种方式以租赁标的物的所有权和使用权相分离为基础，将商品的使用权让渡出去。融资租赁在提供信用时将商品形态和货币形态相结合，同时具有商品信用和银行信用的二重性，可以实现既融资又融物的双重效果，本质上是将信贷、贸易、租赁融为了一体（刘立民，2015）。具体来说，承租人选定所需租赁的产品、设备或供应商，由出租人提供资金进行购买。根据合同的协议，承租人支付租金，获得出租人的设备，并在一段时间内合理使用。农机融资租赁能为农户和涉农企业低成本筹措资本更有效地配置资源提供一条新途径。它减少了物力、财力的占用，提高了生产要素的使用效率和资金利用率。随着市场经济的不断深入，农机融资租赁的发展环境已基本具备，应当大力宣传、鼓励、扶持和发展农机融资租赁市场，这既是广大农民的迫切要求，也是推进农业机械化、实现农业现代化的迫切需要。

随着中国农业现代化进程的推进，农业生产的适度规模经营必将得到不断发展。2011 年《中共中央、国务院关于加快水利改革发展的决定》首次提出要发展涉农融资租赁。2015 年《关于加大改革创新力度加快农业现代化建设的若干意见》再次明确指出，要开展大型农机具融资租赁试点。2018 年《中共中央、国务院关于实施乡村振兴战略的意见》提出，要完善农村土地“三权分置”、发展适度规模经营、提高粮食发展质量，这意味着粮食生产将越来越依靠机械化。中国粮食生产的产业化程度还不够，农民常常没有能力购买大型农业机械设备。另外，由于占用大量资金投入的大型农机设备的使用时间段短，农民也没有必要购买大型的农机设备。我国目前正处在农业现代化发展的转型关键期，充分利用融资租赁，快速发展农用机械的推广使用以促进农业生产方式的转变，实现粮食生产规模化，是降低粮食生产人力资本投入、提高劳动生产率的关键之一。通过农业合作社、农业协会或其他农业服务机构进行农机租赁，有望为粮食规模化经营提供便利，提高粮食生产效率，帮助新型农业经营主体不断发展壮大。

7.4 中国粮食流通体制改革对策

中国粮食流通体制的改革包括粮食流通体系、粮食价格机制、粮食进出口等。其中粮食价格机制的生成方式很大程度上决定了农民的种植行为，其改革是粮食供给侧结构性改革的核心问题之一。

7.4.1 改革粮食价格生成方式

中国在 2004 年推出了水稻最低收购价、2006 年推出了小麦最低收购价、2008 年推出了玉米和大豆临储收购价，以解决农民卖粮难问题，促进农民增产增收，这些政策对国家粮食安全起到积极正面的作用。然而，随着我国粮食生产的土地成本、人工成本和物资成本不断上升造成国内粮价不断上涨且大大高于国际粮价，中国政府的粮食最低收购价和临储收购价与国际粮价形成倒挂，造成国家粮食库存高企和巨大财政压力。要解决这个难题，必须发挥市场形成价格的决定性作用，对不同粮食品种采取差异化的价格改革措施，逐步推动粮食目标价格和市场接轨，形成健康的价格生成机制，通过市场价格信号引导生产，调节供求，促进行业持续健康发展。

第一，完善重要口粮的价格形成机制。2018 年，农业农村工作会议精神要求，“中国人的饭碗要始终牢牢端在自己手上”“而且饭碗里主要装中国粮”。在面临进口粮食冲击的压力下，口粮自给面临挑战，其价格改革要谨慎开展。建议采取“分品种施策、渐进式推进”的办法，完善农产品价格形成机制的同时，保障国家粮食安全。对于粮食等关键农产品价格形成机制以及收储制度进行有效的革新。市场化创新为方向和确保农民的收入都要同时考虑，对农产品市场调控机制进行全面完善。有关的关键口粮——小麦及大米，仍然实施最低价保护性收购的方针，短时间内不进行更改，但要进一步完善价格水平，探索目标价格改革路径。短期内可逐渐下调水稻和小麦的收购价格。

第二，探索其他粮食品种差别化价格改革方案。在长时间的实践和发展过程中，我国针对社会发展现状制定了一系列政策体系，其中具有代表性的包括 2008 年实施的玉米临时收储政策，政府通过财政补贴和对收储价格强制性规定的方式，避免了农民基本收益受到影响，从而在一定程度上激发了农民生产玉米的主动性。基于此，使得玉米产量有了极大程度上的提高，在我国粮食产量中的比重有所上升，玉米库存一度处于历史高位。同时针对部分供求关系较为紧张的粮食品种，实行相应的价格形成机制、补贴政策及收储制度改革，在上述政策体系的共同作用下，有效缓和供求双方存在的矛盾与冲突，实现两者关系的协调与统一。2014 年东北和内蒙古等地区，对大豆的价格制度进行了适当的调整；并且在第二年，长江流域对油菜籽价格和收储制度进行了适当的调整；2016 年国家取消玉米临时收储价格，农民根据市场供求来决定生产。运用市场价格规律，对不同粮食品种进行生产调节，改善供给结构，引导市场合理运行。对实行市场化价格的粮食品种，可以实行价格以外的生产者补贴或收入补贴。

第三，坚持托市收购收入补贴功能。农民安全是粮食安全的重要组成部分。粮食最低收购价对于维持整个粮食市场的平稳运行，以及广大农民的利益发挥着关键性的作用。但在国家和政府对最低收购价进行确立的过程中，必须加以综合全面的分析与研究，在最大程度上保证其最低收购价格机制能够与当前市场发展现状相适应。并且在确立过程中，准确分析和判断出以往粮食市场发展情况、近几年最低收购价格水平，以及国际粮食市场发展趋势等方面所起到的影响，为价格的制定提供一定的数据支持，这不但可以提高农民利益，而且还可以很好地稳定调控粮食价格，达到顺价销售，并且还考虑到了政府利益，保护低收入人群利益。完善粮食最低收购价政策，小麦、稻谷托市价格不宜再上调，或者适当下调，也为改革小麦、稻谷托市收购政策、实行价补分离提供过渡性政策。

7.4.2 构建多层次的粮食流通体系

粮食产业是跟人民生活密切接触的产业。合理发展多层级的零售批发市场可以保障粮食购销的便利性，提高粮食流通效率。在深化粮食流通体制改革的背景下，国家已经明确了发展粮食多渠道经营的改革方向。国家粮食流通政策开始由“计划主渠道”向“市场主渠道”转变，逐步开创、建立和完善基于市场的新的粮食流通体系（刘颖，2007）。要充分依靠非国有粮食企业的市场灵活性来完善流通体系，依法加强对非国有粮食购销企业的服务和监管，并加大力度保障非国有粮食企业的各项基本利益。中国粮食产业目前呈现出“两端散、中间小”的现象。在流通领域，批发和零售行业企业规模小，无法实现规模效益。培育品牌著名、加工能力突出、核心能力强的多种所有制粮食大公司和企业集团，成为批发市场的骨干力量，可以增强市场交易的稳定性；积极培育产业化龙头企业、农民合作购销组织和粮食经纪人成为新的批发市场主体。要深入推进国有粮食企业的所有制改革，建立粮食企业的现代企业管理制度，使国有粮食企业成为具有自主经营、自负盈亏能力的市场主体。探索批发市场在粮食宏观调控中的重要作用。鼓励粮食批发市场与粮食主产区建立稳定的购销关系，降低粮农风险。

第一，培育多种粮食市场主体。提高对粮食系统改革的广度与深度，结合当前粮食市场发展现状将原有国有粮食部门进行独立和拆分，将其划分为粮食行政管理机关和粮食企业的两个独立机构。对大型国有粮食企业内部结构体系加以调整与优化，提高对中小粮食企业的扶持力度，从而在根本上打破以往国有粮食企业运行成本高、效率低的局面。要大力扶持培育粮食流通的中介组织，充分利用农业专业合作社等组织，帮助粮农进入粮食市场。努力培育多种形式的市场经营主体，实现粮食流通市场的多元繁荣。

第二，建设规范有序的粮食流通市场体系。一是要厘清政府和粮食市场的关系。针对部分新中国成立初期所设立的粮食市场进行适当调整与优化，促使粮食批发在粮食流通过程中自发形成、减少行政干预。充分发挥政府宏观调控作用，深入落实粮食市场的建设和管理工作。二是要提高对农村基层地区粮食市场的建设力度，对当前粮食市场体系加以补充与完善，保证其科学合理、全面。我国的粮食市场过多地集中于高级批发市场而忽视了农村初级市场的建设，致使粮食交易体系太过单一，活力不足。在未来的改革工作的推进过程中，应以农村地区的粮食市场建设为重点，在整个全国范围内设立多个粮食批发市场，提升粮食市场体系的完整性和服务效率，形成功能更加齐备、效率更高的粮食交易体系。

第三，建立高效的粮食调控体系。在我国国民经济体系中农业有着关键地位，而对于农业来讲，其核心内容就是粮食。粮食安全具有准公共品的性质，政府对粮食市场的繁荣与稳定负有不可推卸的责任。一是要建立多层次的国有粮食储备体系。要加强国家粮食储备体系的建设。通过进一步完善粮食收购和保护价制度，重建粮食价格补贴机制，建立灵活调整的弹性储备收购制度。二是建立社会化的粮食储备体系。鼓励大型粮食批发市场，粮食流通企业建立自有储备设施并有偿承担国家的粮食储备任务，能够认真落实国家政府的要求。在实践过程中，可以对西方国家的优秀理论经验加以充分吸收与借鉴，对现有粮食收购模式进行改革与调整，充分发挥农业信贷的作用。具体来讲，农民可以将粮食作为抵押物质押给收储公司来获得相应的国家贷款，当粮食市场不景气时可以按照保护价出售给信贷公司，市价高时赎回粮食同时偿还低息贷款。这样既可以保障农民利益，政府又增加了可供调配的粮源储备。三是要运用信息技术，构建智能化的粮食储备系统，实现粮食市场调节的高效率。这可以从以下四个方面入手：（1）改变政府直接经营粮食储备为代理经营的招标制度；（2）对当前粮食储备情况加以有效监督与管理，将粮食储备调控功能充分展现出来；（3）基于现代科学技术的支持下提升粮食储备的管理与决策体系的信息化水平；（4）将粮食调控权进行统一集中，从根本上提高整体粮食市场的运行效率。

第四，建立信息化的现代粮食储运体系。粮食物流业是粮食行业发展的基础支撑性产业。发展粮食现代物流，建立高效、畅通、节约的粮食现代物流体系，对提高粮食流通效率，减少粮食损耗，降低流通成本，促进产销衔接，加快推进农业供给侧结构性改革，增强国家粮食宏观调控能力，保障国家粮食安全具有重要意义。随着我国现代物流业健康快速发展和“粮食收储供应安全保障工程”全面实施，我国粮食物流业发展较快，粮食现代物流体系初步建成。然而，我国粮食物流企业普遍具有标准化、信息化程度不高的特点，物流基础设施尚不够健全，物流成本较高、效率较低的特征仍然比较明显，显示出我国物流整体发展水平不高，不能很好地适应我国粮食生产和流通的需求。推进粮食物流各环节各层次信息采集全覆盖，实现粮食物流行业的信息化，充分地利用信息技术对物流行业的支持作用，促进粮食物流与信息技术的深度融合，实现物流各个环节的无缝连接。利用信息技术，整合并提高粮食物流行业的组织化程度和资源配置效率，促进政府、企业之间公共物流信息的互联互通与信息共享。推进传统物流企业对大数据、云计算的技术的使用，对业务和流程进行科学和精准化的改造，可以大大提高粮食生产和储运的效率，节约成本。

第五，合理利用海外市场。展望未来，我国消费升级还将继续，粮油食品消费还将继续增长。我国的基本国情不同于南北美洲和澳洲，资源禀赋存在较大差异。南北美洲和澳洲是典型的人少地多，我国是人多地少，这就决定了我国农业发展既要面临水土资源不足的资源压力，又要面临更迫切的环境压力，保障农产品供给将面临更大的挑战。资源禀赋决定我们没有能力依靠国内资源完全满足需求增长，可持续发展也要求我们不能过度使用现有资源。未来我国的粮油食品供求缺口还将继续扩大，主要缺口依然集中在动物蛋白、植物油、糖消费增长带来的相关品种上，如大豆、植物油、玉米等。因此，未来我国农产品的供给需要进口来弥补，需要坚持全球视野，充分利用两个市场和两种资源，来保障我国的粮食供给和粮食安全。《中国食物与营养发展纲要（2014—2020 年）》要求，“确保谷物基本自给、口粮绝对安全”，该纲要同时指出，要全面提升食物质量、优化品种结构，这与利用海外市场并不矛盾。实施粮食“走出去”战略，通过合理的粮食进口或粮食海外生产，既可以优化调节国内市场供给，还可以为国内粮食生产的土地休耕、轮作提供调节，使我国粮食生产的地力得以恢复和提升。

7.5 中国粮食支持政策改革对策

粮食产业是国家粮食安全的物质承担者，同时又具有天生的脆弱性和风险性。中国农业在中国工业化的初期由于产品价格被人为压低，发展受到抑制，导致城乡发展严重不均衡，形成了农业比较收益低、农民种粮积极性不高、乡村凋敝的现象。政府需要结合乡村振兴战略，通过产业调整措施支持“三农”，才能保障粮食供给侧结构性改革目标的顺利实现。

7.5.1 加大农业科研力度

过去一段时期，我国粮食生产的最大目标是提高粮食总产量。在土地资源相对固定的情况下，提升产量的基本方式为提高单产。然而，要提高单产则要大量增加要素投入，造成粮食生产成本增加，影响农民收益。朱晶（2003）的研究结论表明，政府农业科研投入对农民生产要素投入在提高粮食单产水平上具有替代性。[①] 因此，农业科研不仅降低了农民私人成本，还会提高粮食的品质，应该成为粮食供给侧结构性改革的重要内容。根据彭新德（2005）的研究，我国目前农业科研存在五个方面的问题。一是农业科研投入增产缓慢且总量不足。二是政府对农业科研投资强度（农业科研投入占农业 GDP 的比重）偏低，大大低于世界平均水平，甚至低于不发达国家水平。三是农业科研单位入不敷出。四是农业科研课题资助额较小。五是原创性研究投入经费占比过小，应用性研究占比过大。[②] 在农业科研内部的不同领域，经费分配差距较大。在粮食和农产品领域，对加工业、流通业投入较少。从产前、产中、产后来看，对产后关注较少。在私人投资领域，由于我国农业企业经营规模较小，投资研发农业缺乏规模经济效益，而我国对农业领域的研究缺乏税收激励，导致私人投融资不足。另外，由于我国知识产权包含政策尚不完善，很多农业研究人员不能从自己的研究成果获得应有的收益，降低了研究积极性。我国目前尚不具备支持非政府组织参与农业科研的条件，进一步压缩了农业科研的空间。财政资金应投入基础性、前沿性和公益性的农业科技研发，而把经营性、应用型技术研发让位于民间研发。

第一，明确农业科研的公益性与政府的投入责任。在我国，农民是农业科研成果实践应用的主要人群，且该人群无法承担农业科研过程中产生的成本费用。农业具有一定的公益性，它不仅提供食品、工业原料及其他农产品资源，也在保障社会经济持续发展、改善和保护生态环境方面发挥着重要作用。政府是社会发展效益的绝对受益者，因此应充分认识到农业特殊的公益性，承担起投资农业科研的义务，才能为农业科研机构的持续稳定提供有力的保障。当前，我国农业总产值中的农业科研投资占比仅为 0.4%，仅仅是世界平均水平的 1/3，甚至只有世界发达国家的 1/8[③]。对比国际农业发达国家科研支出比例，应尽快提高政府农业科研支出占 GDP 的比例，并制定合理有效的科技投资政策。通过立法等方式建立政府投资农业科研的长效机制，

---

① 朱晶：《农业公共投资、竞争力与粮食安全》，转引自钟甫宁、周应恒：《食品与农业经济研究》，经济管理出版社 2006 年版，第 3～12 页。

② 彭新德、蔡立湘：《中国农业科研投入的政策思考》，载于《湖南农业大学学报》（社会科学版）2005 年第 1 期，第 23～25 页。

③ 《农业科研经济管理》，2005 年第 4 期卷首语。

从而确保国家财政能够落实到农业科技投资的各项政策中。这样，可以将农业科技的财政投入与同期政府财政收入水平相挂钩，得到农业科技投入的总体水平和农业科研经费的科学比例，使得农业与其他国民经济同步协调发展。综上所述，建议国家通过立法手段明确农业科研投资占比，保证农业科研资金投入的稳定增长。

第二，改革农业科研机制体制，提高科研资金的投资效益。为了提高管理及运行农业科研项目的总体效率，国家农业科研机构负责承担公益类农业科研涉及的基础性工作、重要科研项目研究、高科技项目战略研究、重要科研技术攻关，以及重大科研应用技术的课题研究等研究任务；同时公开招标农业应用性技术与农产品开发研究等课题项目。拓宽农业科研经费的来源，鼓励企业和社会资本以各种方式投入农业科技研发。针对以公益性研究工作为工作重心的农业科研机构，应当明确将其定位为我国非营利性农业科研机构，并提供一定的财政资金支持，确保该科研机构发挥科研作用，如对农业共性技术的研究、公益性研究等。对于已成立的商业性的科研机构，应当收回其原本隶属于社会公益性服务性质的科研人员与研究项目。一方面，对于这些农业科研院所的公益性服务作用以及主体性要不断强化；另一方面，要加大对于农业科研机构中盈利性以及产业化研究项目的剥离，放宽企业进入农业科研领域的条件，促进现代农业科技型企业的快速发展。对企业化运作的科研单位，要强化知识产权的保护力度，提供保障和激励机制，促进现代农业科技企业的健康发展。

第三，需要明确重点投资对象，完善科技投资结构。财政投入要重点投入在国家重要产业、关键型领域的共性科技研发等领域。政府应该将粮食安全、生物产业等高精尖技术领域的研究作为政府财政投入的重点，多角度提升这些关键领域的科技产品创新、集成应用，以及综合应对能力，从而达到科技自主创新与经济快速发展的良性互动。

第四，要改革科技投入预算制度，完善科技投入方式。参照国际惯例，允许国家科技计划项目经费列支人员费用。减少农业科技经费中通过竞争立项支持的比例，提高非竞争性支持的比例。建立以学术、科研为目标的科研院所体制，避免不利的行政体制干扰或行政化管理机制，以其他非竞争性形式支持各级科研院所在科研活动中的自主权。

7.5.2 加强农业基础设施建设

农业基础设施建设主要包括农田灌排系统、交通道路、抵押电网及其他农业配套设施等。作为粮食生产大国，我国的农业基础设施建设滞后。据马培衢（2011）统计，目前我国粮食主产区仍有45%以上的耕地属于“望天田”，受自然灾害的影响呈现常态化，粮食生产风险越来越高①。贺雪峰（2010）、吴清华等（2015）认为，农业基础设施具有公共品特征，私人无力承担建设成本且会导致搭便车的现象出现②。因此，加强农业基础设施建设，成为政府支持粮食生产的重要方式之一。

第一，加强农业基础设施的投资力度。农业基础设施属于公共品范畴，具有广泛的外部社会效应，同时这其中许多事情都是人民群众急需解决但又无法凭借自身能力解决的。因而，政府应主动承担大力落实农业基础设施建设的责任。政府应当对农业基础建设实行分离式的管理方式，加大基础设施投资规模，全面整合财政投入渠道，鼓励农民自主投入，同时采用分离式管理，加大对农业基础设施建设的投入规模，整合投资渠道，鼓励农民自主科研投入，并引导农业企业参与科学研究，形成各级政府和社会的共同协助农村科研建设的局面，形成效率高、成本低的农业基础设施建设体系，支撑粮食综合生产能力的提升。我国大部分地区农业基础设施建设滞后是由于投入不足引起的。要积极探索完善农业投资融资方式，加大国家财政支持和农业生产信贷投入力度，加强农村合作组织和行业领导者等农产品经营者在农业基础设施建设上的信贷支持。从产业及项目角度入手，通过公私合作（PPP）、建设—经营—转让（BOT）等方式，推动外资及工商等其他社会各界对农村水利工程、道路修葺、用电设备、仓储物流等基础设施的大力投资，从而使农业基础设施投资者通过多元化、综合性的投融资服务，促进主要粮食产区的产业化城市化的实现和食品安全保障的发展。

第二，加强农业基础设施建设的监督机制。针对我国目前农田水利基础设施建设绩效评价机制中存在的监督机制不够完善等问题，各地方政府及有关部门应在积极落实农田水利基础设施建设的同时，加快建立健全农业水利基础设施建设的绩效评价、监督机制，强化政府对于重要农业投资项目的管理与管控。也就是说，要做到以下六点：一是要落实重大项目的民主科学决策；二是完善农业项目管理体制；三是加快落实重要农业项目的监管体系；四是提高各级政府监管能力，实行项目监管手段的专业化、标准化、信息化以及多样化；五是建立农业投资项目责任制；六是完善公众社会监督机制。

① 马培衢：《农业基础设施投入的粮食增产效应研究——以河南省为例》，载于《河南科学》2011年第29（8）期，第981～986页。

② 贺雪峰：《地权的逻辑》，中国政法大学出版社2010年版，第210页。

对于当前农村小水电的开发现状，各级政府应当强化行业监督力度，促进农村水电良性发展；水资源为国有资源，各级水利水电主管部门代表国家行使水资源的开发管理权，加大对于农村水电开发的监督管理；并坚持开发资源与保护资源相结合的原则；推行开发增量和盘活存量相结合的管理机制。

7.5.3 建立完整的农民职业教育体系

人力资本的积累是粮食供给侧结构性改革成功的关键之一。政府应该建立完善的农业职业教育体系引导农民职业化。西方农业发达国家农业生产过程中的技术含量一般比较高，只有通过相应学习的人，才能熟练地完成农业生产过程。西方主要农业强国都建立了基于完善的职业教育体系基础上的农业职业准入制度，取得相应的资格是做农民的前提条件；农民在获得了从低到高的资格认定以后，可以通过继续学习获得更高一级的职业资格。比如在德国，要成为农业工人首先经过 3 年的理论和实践学习，通过考试获得相应的证书。而要想成为具有生产管理资格的农民还必须继续到高一级的农业学校读书，通过考试。

第一，完善农民教育培训体系。建立初级、中级、高级的农业职业教育体系，分别培养农业产业工人、农业经营管理人员和农业企业主。农业职业教育要以培养数量适当、素质过硬的新型职业化农民为根本，打破职业化农民的培养界限，满足农业发展需求，加强政府责任意识和财政支持，重视培训的成效，搭建农民终身教育服务平台。在教育内容上，要深化教学改革，创新培养内容和培养模式，依据市场需求提高人才培养质量，完善知识技能结构。初级农业职业教育注重动手能力，中级农业职业教育注重经营能力，高级农业职业教育重视管理能力。在教育模式上，结合全日制职业教育和农业继续教育的经验。充分利用农业协会组织、农业技术推广组织开展常规性的技术指导和培训工作。根据教育需要，合理安排培训的时间、场地和方式等，如乡镇组合、工作学习双结合等，增加培训的吸引力，改进教育方式。

第二，政府应当加大对职业农民培训政策和财政支持。把对农民教育工作当作公益事业来做，拿出专项资金，加大支持力度。在资金支持方式上，可以通过实施如职业教育免费补助、学费补贴和无息贷款等扶持措施保障学生接受教育的权利。在资金来源上，中央和地方财政可承担一定比例作为对农业教育的支持，对粮食主产区的农业职业支持力度要加大。同时，鼓励社会资本进入农业职业教育领域，作为政府职业教育和农机培训的补充论，缓解培训人力、资金等方面的不足，增加职业教育的活力。

第三，实行科学的评估监督机制，把培训质量作为检测农民职业化能力的重要准则。建立健全评估机制，确保农民专业综合能力和素质能力达到农业快速发展的要求。逐步建立起职业农民从业资格证制度。近年来，各类农业经营主体的蓬勃发展已经在逐步转变农民传统的生存方式，促进“专业农民”的不断涌现。随着对职业农民需求的不断扩大，要求农民职业教育的进一步规范。协调政府部门、农业协会、各类农业职业农民的需求主体共同制定职业农民考核方式和标准，逐步推行规范化的职业农民教育和监督，保障职业农民教育的规范化、制度化发展。

7.5.4 优化粮食补贴机制

由于农业经济部门的特殊性，农业在经济中的比例会逐渐变小，而农民的比较收益会变低。粮食补贴是为了更好地发展粮食生产，调动农民的种粮积极性，保障国家粮食安全。根据梁世夫（2005）的整理，WTO把农业补贴主要分为四类[①]：第一类是根据粮食出售数量和价格进行的“黄箱”补贴；第二类是根据种植面积和固定标准进行的“蓝箱”补贴；第三类是根据过去粮食产量和固定标准进行的“绿箱”补贴；第四类是根据过去粮食产量和现在的粮食价格进行的“红箱”补贴。[②] 目前，欧盟、美国、日本等主要粮食生产国家和地区都推出了粮食补贴政策。我国可以学习和借鉴国外发达国家粮食补贴的经验，根据WTO规则，制定更制度化、法制化、合理化的粮食补贴政策，扶持我国粮食产业的健康持续发展。

---

① 梁世夫：《粮食安全背景下直接补贴政策的改进问题》，载于《农业经济问题》2005年第4期，第4~8页。

② WTO农业协定规定，政府执行某项农业计划时，其费用由纳税人负担而不是从消费者转移而来，没有或仅有最微小的贸易扭曲作用，对农产品生产影响很小的支持措施，以及不对生产者提供价格支持作用的补贴措施，均被认为是“绿箱”措施，属于该类措施的补贴被认为是“绿色”补贴，任何国家和地区均可免除削减义务。容易引起农产品贸易扭曲的政策措施，包括政府对农产品的直接价格干预和补贴，种子、肥料、灌溉等农业投入品补贴、农产品营销贷款补贴、休耕补贴等，一般称“黄箱”政策。属于“黄箱”政策范围的农业支持与补贴，叫“黄箱”政策补贴。农业协定规定用综合支持量（AMS）来衡量“黄箱”政策补贴的大小，并要求在约束该类补贴的基础上，逐步予以削减。但农业协定对“黄箱”政策也做了一些例外的规定，使某些“黄箱”政策补贴不受农业协定的约束和限制，如一些与农产品限产计划有关的“黄箱”政策（如休耕补贴等）可纳入“蓝箱”政策。“红箱”补贴又称禁止性补贴，《补贴与反补贴措施协议》明确地将出口补贴和进口替代补贴规定为禁止性补贴，任何成员不得实施或维持此类补贴。

第一，明确保障农民收入的粮食补贴原则。从目前国际上普遍采用的粮食直接补贴的类别上来说，“绿箱”补贴最符合 WTO 的精神。西方主要国家粮食补贴政策的一般原则“农民收入平价”，即通过政府的补贴，农民的收入跟城市居民收入整体水平基本相当。日本针对粮食生产能力较差的山区还推出了特殊的补贴政策，保障其收入水平。也就是说，国外通行的是与粮食生产挂钩的补贴政策。中国过去实行的是以粮食安全为目的、与粮食产量挂钩的原则，这一政策在目前我国粮食产能大大增长而农民收入偏低的情况下急需调整。目前，中国的粮食补贴政策已经开始向生产倾斜，今后应重点关注农民种粮的收益，尽量让农民和城镇居民的收入和生活水平相当。

第二，制定促进粮食质量提升的补贴范围。随着中国经济的不断发展，消费者对粮食品质的需求不断提高。以产量为目标的补贴政策会造成农户忽略粮食品质而过分关注粮食产出率，造成粮食品质不高，市场销路不好，形成高产量、高库存的情况。补贴政策应该鼓励农民种植更优质的粮食、鼓励农民使用更少化肥农药转而采用更绿色的粮食生产方式、鼓励农民种植有比较优势的关键口粮，以及鼓励农民进行集约化、科技化的粮食生产方式。

第三，调整农业补贴的资金来源。目前，农业补贴的资金来源主要是 1994 年《粮食风险基金实施意见》要求成立的粮食风险管理专项基金。该基金由中央和地方财政共同筹资建立，1999 年后根据《国务院关于进一步完善粮食流通体制改革政策措施的通知》由地方包干使用。从 2001 年开始，中央适当增加对粮食主产区的粮食风险基金补助，由地方包干使用。在这样的资金来源结构下，粮食主产区承担的资金远大于非粮食主产区。可以说，粮食主产区承担了非主产区和主销区的粮食安全的资金成本。粮食品质的提升和粮食安全的保障，受益的对象是全国消费者，因此应该探索更公平合理的粮食风险基金资金来源。因此，建议粮食风险基金由中央统一管理，在资金来源上，根据地区人口计算出各地粮食消费需求并承担相应的资金任务；在粮食基金的分配上，可根据各地区粮食产量占全国总产量的比重来进行分配。

第四，完善粮食流通补贴。健全粮食流通补贴机制，有效降低粮食系统财政补贴的支出压力，提高财政补贴的宏观效益。目前，国际财政补贴的粮食补贴主要是针对粮食生产者和国家粮食储备。从国家粮食储备补贴的构成来看，主要包括保护价收购产生的资金贴息、仓储费用、定期轮换费以及销售亏损补贴等。对经营性业务的贷款不给予补贴。粮食流通补贴应该重点支持现代粮食物流和仓储体系的建设，加快粮食流通和调控效率，减少粮食在流通过程中的品质下降现象，提升粮食流通体系质量。

7.5.5 建立健全粮食供给侧法律体系

从国外的农业立法来看，发达国家已经建立健全了农业法律体系。相比发达国家对于农业的重视，虽然我国是农业大国，农业具有基础性的重要地位，但农业法制落后，无法适应农业发展的需求。市场经济是法治经济，市场化程度越高，法制越健全、越规范。我国强农惠农政策逐步建立并常态化，涉及粮食安全的法律法规不断健全，但我国粮食安全法律保障体系目前尚未真正建立起来。新时期要提升我国粮食安全的法律保障水平，确定政府干预与市场机制有机协调原则，制定与完善粮食安全立法，优化粮食安全法律保障框架，进一步完善粮食安全的行政执法工作。

第一，加速引入正式的食品法律法规。粮食安全问题与国计民生息息相关。任何时候都不能掉以轻心。虽然近年来我国粮食生产连续取得丰收，但我国人口压力巨大、耕地资源有限、粮食需求结构升级、资源过度开采的形势已变得无法控制。在这种紧急情况下，食物供需结构性问题长期未得到改善。粮食增长需求与粮食增产困难之间的矛盾十分突出。粮食生产效率和国际竞争力整体偏低，确保国家粮食安全形势严峻。由于没有明确的法律规定，目前关于中国粮食产业发展方式、粮食是否可以放开进口、耕地红线是否需要坚守、粮食最低收购价是否需要废止呈现出多种声音。建立粮食法律法规，将党中央所提出的“谷物基本自给，口粮绝对安全”“把13亿中国人的饭碗牢牢端在自己手中”等方针政策转化为法律法规，对我国农产品发展具有非常重要的战略意义。

第二，完善农村的金融机制立法。20世纪90年代，中国实施了农村金融体制改革。从那时起，中国农村金融部门的范围有所拓展，农业金融产品已经有了一些革新，并且它们对农业的财政支持水平也有提升，但当前农村金融服务水平整体上与统筹城乡发展的需求相比还有很长的路要走。农村资金外流严重，信贷供需矛盾突出，贷款难、融资难，一直是我国农村金融服务体系中的顽疾。中国共产党第十八届中央委员会第三次全体会议曾明确要求发展“普惠金融”。基于农村金融服务性质特殊，不采取一些社会性的、非市场的制度设计，完全依靠市场的力量是无法培育出满足农业农村经济发展需要的金融信贷市场的。要发展中国农村金融，需要从以下方面发力：一是明确各类金融机构的支农责任并建立量化考核标准。二是完善各类农村金融服务机构的运作体制。三是确立支农金融服务机构的长效运行机制。四是完善农村金融的风险分散和转移机制。五是建立农村金融服务与其他金融类服务的差别化监管政策。六是推动农村金融环境建设。通过立法明确支农金融机构的运作机制和权利责任，有助于农村信贷的普及，助推粮食产业的发展。

第三，完善农业保险立法。中国的农业具有自然灾害的风险性大、农业生产的调整时间过长、农业生产类型分散、劳动生产率低的特点，使得农民及其产业缺乏自我保障，有较强的通过保险来分担风险的需求。为了保障农业生产安全有序运行、保护农民利益，我国应完善农业保险立法。农业保险立法能使农业风险分散化，并发挥其经济补偿功能，迅速提升自然灾害后的农业生产生活恢复能力，提高农民生产积极性，保障农业持续稳定收益。依据中国国情，在农业商业险短时间无法建立起来的情况下，可探索建立政策性农业保险体系，推出合作社性质的互助保险业务，可以较快提高农业保险的覆盖率。可实行中央财政、城乡政府和农民群体共同承担、稳定农村农业参保率的责任，并且农民本身承担的参保费用占比应当控制在总保费的50%。为了减少涉农商业保险公司的风险，可由政府牵头成立涉农商业保险公司的再保险业务，或由政府在特殊情况下直接对这类保险公司提供援助。为了提高农业保险参保率，可将农业保险与农业信贷制度结合起来，对参保户提供信贷优惠。

第四，加强农村生态环境立法。由于缺少生态环境立法，农业生产中为了提高土地生产率，存在过度使用化肥农药导致土地板结、地下水污染，甚至是过度垦荒、肆意开采的现象，这不仅影响了粮食质量，同时又极大地损害了土地的可持续生产能力。因此，政府应加强农村生态环境保护立法。以法律条文的形式对农药、化肥、植物激素的生产销售做出规定，以保证其安全、适用，保证农业的可持续发展。与此同时，制定农产品质量安全法律法规，实施农产品质量安全认证机制，以及非环境污染农产品认证和农产品质量认证制度的起源等，确保农产品质量安全以及农产品的质量和价格，鼓励农民生产无公害绿色农产品。

第五，修正农村土地承包法。随着城镇化和农业现代化的快速推进，农村土地价值攀升。新的农村土地承包法应该关注的是在确保农村土地承包关系稳定的前提下，如何促进土地的大规模经营和集约利用。这样不仅保障了农民的财产权利，又能保护农用土地资源。农村土地承包法的修改旨在着力解决三个问题：一是明确三权分置，赋予农村土地承包经营权的抵押担保权能。二是确保农村土地承包关系“长久不变”。三是对于进城落户农民的土地经营权给予认定。当前农村土地承包法与国家政策对于我国农民落户城市后的土地承包经营权的认定存在着不一致性。现如今我国有约3亿农民工，农民劳动保障权益受侵害现象时有发生，一部分农民工在年纪偏大后还要返回农村居住和就业，农村耕地承担了一部分养老和社会保障的功能。因而，在现阶段如何妥善处置农民务工人员的土地承包经营权、宅基地使用权和集体经济收益分配权尚无定论。

第六，修订《农民专业合作社法》。实现单个农户组织化的重要方式之一就是农民专业合作社。2007年《农民专业合作社法》实施，截至2017年9月，已有193.3万家农户在我国的农民专业合作社依法登记注册，逾1亿农户入社，占比达全国农户的46.8%①，在农业生产中起到重要作用。合作社的不断发展，需要法律保障其市场主体地位。党的十八届三中全会提出，同意财政补贴直接投资于符合规定的农村合作社，并支持合作社大力推动农业专业信用合作。根据2013年中央一号文件的要求，各级政府应当“抓紧研究修订农民专业合作社法”。也就是说，相关法律法规需要从4个角度进行修订：一是拓宽法律法规适用范围；二是规范信用合作；三是明确联合社的法律地位；四是对社员入社门槛进行规定。

第七，改进关于农业市场主体的立法。目前，中国农村经济的主体分为农村集体经济、国有企业、中外合伙企业、外商独资企业、股份合作企业和个体企业等形式，其他农产品市场主体尚无明确的法律规范，包括一些在现代粮食生产中发挥重要作用的市场经济组织、农民专业合作组织、农业协会和农业股份制合作企业等。我国政府需要对这些市场经济组织形式的运行和管理秩序进行规范，并确定其法律地位，赋予其贸易纠纷起诉主体资格。还需要对有关农业集体经济组织的法律地位进行认定，确定其市场支配地位，保护农民集体所有财产与集体经济。

第八，针对农产品流通体系立法。当前，我国农产品流通法律规定主要适用于农业法。这使得关于农产品流通的法律机制尚有很多需完善修正的内容。农业法主要是对农产品流通性质和自主性进行规定，对流通实践中具体细节规定不够。在粮食市场面对国际化的农产品冲击的情况下，除了原则性的法律，更需要具体的法律措施予以管辖。流通体制和价格机制的建立与改革、政府粮食干预手段与时机、对进出口的安排都需要法律来规范。

---

① 中国国家工商总局相关数据计算而得，http://searchsaic.saic.gov.cn/was5/web/search?searchword=%E5%85%A5%E7%A4%BE%E5%86%9C%E6%88%B7&perpage=&templet=&token=32.1349860449837.41&channelid=265305&searchscope=IR_URLTITLE&orderby=-IR_URLTIME。

第九，关于农业科教立法的改进。同发达国家相比，我国的农业科学技术投入和发展不足，职业教育和农技推广体系不发达，农业科教立法发展滞后。目前，国际农业市场竞争要求发展高产、优质、高效的现代化农业，粗放型的农业生产方式已经难以为继。我国加入 WTO 后，面临种种对农业补贴的限制性规定，更需要以科技化环保化的方式发展农业，这都需要得到农业科研立法的保障。进一步完善《农业技术推广法》，在《关于深化农业科技体制机制改革　加快实施创新驱动发展战略的意见》的基础上，制定有关的专门法规，对农业科研机构的职责、性质、经费来源进行进一步规范和明确，确保农科教育者的合法权益，推动农业科技市场标准化和农业科技成果转化收益率，加强农业科技教育和农业技术人员队伍的技术培训，是实现科教兴农、粮食高质量发展的基础和前提。

第十，制定与国际接轨的粮食安全法律保障体系。作为 WTO 成员方，中国的粮食生产政策必须符合 WTO 的相关要求。粮食产业作为一国保障粮食安全的重要产业，在 WTO 框架中也得到了承认。WTO 不允许对粮食价格进行直接的干预，但是一些旨在提高农民生活水平和农业生产能力的所谓“绿箱”政策，如加强农村教育、改善农民生活条件、加强农业科研投入、完善农业基础设施则是被允许的，这些需要通过法律的手段进行规范。另外，我国还应该完善面对国外农产品市场对中国农产品不合理的贸易手段的保障体系，如倾销、价格补贴等。建立与国际接轨的粮食安全法律体系，才能得到国际社会的认可，也能更好地保障本国粮食产业的健康发展，而这正是农业供给侧结构性改革中制度供给改革的内容。

在做好各项立法工作的同时，还必须做好各项法律的执法工作。再好的法律如果得不到贯彻和执行，就失去了它的意义，也不会产生任何经济效益和社会效益。粮食产业及农业与生态环境和人们的生活息息相关，确保其相关法律的认真贯彻和执行有着特殊的重要意义。各级人民政府和相关的农业部门机构在其行政职责范围内可采用必要措施，保障农业法律的贯彻和执行。

7.6　本章小结

随着经济发展，农业在国民生产总值中所占的比例将不断下降。在中国粮食生产不断取得丰收，面临高产量、高库存、高进口的背景下，粮食供给侧结构性改革的首要任务是提高粮食产业的发展质量，提升农业效率。一方面，粮食高质量发展要求将粮食产业的导向从以家庭农户分散经营为特征的重视土地生产率、粮食总产量转向以适度规模经营为特征的重视生产成本、劳均产出和发展质量的导向。加大粮食科技的应用力度，促进粮食产业化发展，发展粮食深加工和延长粮食相关产业链。粮食规模经营要求完善农地“三权分置”的制度安排，促进农村土地流转，培养多元的粮食经营主体，大力发展农民职业教育、培育新型农民，提高农业社会化服务水平，拓宽就业渠道和完善社会保障措施以转移出适度规模经营多余的农业劳动力。在粮食流通领域，要建立完善的流通体系和基于信息化的现代粮食收储体系，减少流通领域成本、提高流通效率；要形成以市场为基础的粮食价格生成方式，减少价格干预，通过收入补贴的方式保障农民种粮收益。另一方面，由于农业尤其是粮食产业具有弱质性却又对国家具有社会效益和正外部性，需要政府通过产业调整政策来保障粮食产业可持续发展，对粮食产业的生产、流通、科研、基础设施建设等环节给予支持。政府粮食产业支持手段要符合 WTO“绿箱”政策要求，通过加强粮食科研投资力度、完善粮食生产基础设施建设、创造良好的市场环境、制定并执行科学的法律法规和标准体系、提升农民的生产生活条件来促进粮食产业的健康发展，保障国家的粮食安全。

第 8 章

研究结论与研究展望

8.1 研究结论

在基于对中国粮食供给侧现状分析的基础上，通过理论探讨、案例分析、实证分析、国际比较等研究方法，本书得出以下结论：

第一，中国粮食供给侧结构性改革的核心是实现粮食发展方式由数量增长向质量增长的转变。首先，中国粮食目前存在总量足够、结构失衡、成本过高的供给侧结构性问题。中国主要粮食产量 2004 ~ 2015 年实现“十二连增”，粮食总产量成功突破万亿斤大关，我国粮食在数量上已经基本可以满足国内需求。2006 年以来国家逐步对多个粮食品种执行最低收购价政策，国库存储增长迅速，国家财政支出巨大。国内外粮食价格倒挂造成的超量进口进一步加剧了粮食收购和去库存的压力。其次，中国粮食高物质投入的生产方式造成粮食质量不高。中国粮食单产水平较高，部分粮食如小麦单产处于世界领先水平，但粮食生产中单位面积的化肥使用量远远高于世界其他国家。化学品的过度使用对中国粮食的品质造成影响。此外，中国农业科研投入和农业技术的推广不力，也是影响粮食质量的原因。最后，中国粮食国际竞争力不足。实证分析发现，中国粮食无论总体上还是各粮食品种上都在劳动生产率、国际市场占有率、贸易竞争力指数、显示性比较优势指数等竞争指标上处于绝对劣势，国际竞争力极其微弱；仅在单位耕地面积产量上有一定国际竞争力。实证分析还发现，中国粮食产量的提高严重依赖土地、化肥农药、劳动力等要素的增加，推高了粮食生产成本，削弱了中国粮食的价格竞争力。此外，中国粮食产业在人均占有耕地面积上处于劣势，在粮食经营模式、流通体制和政府支持政策体系上也都存在滞后和不足之处。

第二，中国粮食供给侧结构性改革目标的顺利实现需要政府通过乡村振兴等产业调整政策进行保障。在中国工业化发展初期，政府刻意压低粮食价格使企业保持较低用工成本的同时让产业工人能负担得起足够的食物。随着工业化的不断发展，食物占工人工资消费的比例不断降低，农业产业的比重也不断降低。粮食生产者面临着产业萎缩、相对收入下降的问题，农民种粮积极性下降并开始脱离农业。当前的中国粮食产业正处于速水佑次郎所描述的贫困问题和产业调整交织的状态。一旦农民经济安全得不到保障，就会出现乡村凋敝现象，并可能引发社会问题，威胁国家粮食安全。根据舒尔茨对传统农业的分析，农业的弱质性决定了仅靠农民自身无法实现扩大再生产和农业自立。政府应及时采取乡村振兴等产业调整政策支持农业的发展，保障农民经济安全、粮食产业安全和国家粮食安全。

第三，实施中国粮食供给侧结构性改革、实现粮食高质量发展需要围绕以下五个方面展开：一是中国粮食生产要素改革。要建立发达有序的农地流转市场、培训新型职业农民、完善农民融资方式。二是粮食经营模式改革。培育多元粮食经营主体、大力发展粮食规模化经营、充分发挥农业专业合作社的职能。三是中国粮食社会化服务改革。通过发展农业保险和期货市场完善农业风险分担机制、改革农机推广制度、培育发达农机租赁市场。四是中国粮食流通体制改革。改善粮食价格生成方式、建立多层次的粮食流通体系。五是中国粮食支持政策改革。加大农业科研力度、加强农业基础设施建设、建立完整的农民职业教育体系、优惠农业补贴机制、建立健全粮食供给侧法律体系。

8.2 研究展望

在本书的写作过程中，由于时间、能力和资料所限，研究还不够深入，期待后续的研究能继续予以深化和拓展，构建较为完善的中国粮食供给侧结构性改革理论体系。

第一，中国粮食供给侧质量指数的构建。基于中国粮食供给侧结构分析，从产业竞争力的角度，分别对中国粮食经营模式、中国粮食流通体制、中国粮食政策环境构建竞争力指标，用主成分分析法分析出影响中国粮食供给侧竞争力的主要因素并构建供给侧质量指数。

第二，中国粮食供给侧竞争力要素的实证分析。选取中国粮食经营模式、中国粮食流通体制、中国粮食政策环境各因素最具代表性的变量，运用时间序列、截面数据等分析方法，分析各个变量的作用规律。

第三，中国粮食供给侧竞争力的国际比较及竞争对策研究。在贸易全球化背景下，中国粮食产业面临全世界粮食产品的竞争。通过对比分析，找出中国粮食产业和产品的比较优势，提出实现粮食安全、做大粮食产业的路径。

附录一　2004～2009年中国三种粮食平均成本收益情况

项目	单位	2004年	2005年	2006年	2007年	2008年	2009年	2009年比2008年增加或减少（%）
每亩								
主产品产量	千克	404.80	393.10	403.90	410.80	436.60	423.50	-3.00
产值合计	元	591.95	547.60	599.86	666.24	748.81	792.76	5.87
主产品产值	元	572.60	529.48	581.46	647.60	729.49	773.45	6.03
副产品产值	元	19.35	18.12	18.40	18.64	19.32	19.31	-0.05
总成本	元	395.45	425.02	444.90	481.06	562.42	600.41	6.75
生产成本	元	341.38	363.00	376.65	399.42	462.80	485.79	4.97
物质与服务费用	元	200.12	211.63	224.75	239.87	287.78	297.40	3.34
人工成本	元	141.26	151.37	151.90	159.55	175.02	188.39	7.64
家庭用工折价	元	129.33	140.00	140.10	145.67	158.33	171.05	8.03
雇工费用	元	11.93	11.37	11.80	13.88	16.69	17.34	3.89
土地成本	元	54.07	62.02	68.25	81.64	99.62	114.62	15.06
流转地租金	元	5.96	5.80	6.64	7.91	10.09	11.31	12.09
自营地折租	元	48.11	56.22	61.61	73.73	89.53	103.31	15.39
净利润	元	196.50	122.58	154.96	185.18	186.39	192.35	3.20
现金成本	元	218.01	228.80	243.19	261.66	314.56	326.05	3.65
现金收益	元	373.94	318.80	356.67	404.58	434.25	466.71	7.47
成本利润率	%	49.69	28.84	34.83	38.49	33.14	32.04	
每50千克主产品								
平均出售价格	元	70.73	67.35	71.98	78.82	83.54	91.32	9.31
总成本	元	47.25	52.27	53.39	56.91	62.75	69.16	10.22
生产成本	元	40.79	44.65	45.20	47.25	51.63	55.96	8.39
净利润	元	23.48	15.08	18.59	21.91	20.79	22.16	6.59
现金成本	元	26.05	28.14	29.18	30.96	35.09	37.56	7.04
现金收益	元	44.68	39.21	42.80	47.86	48.45	53.76	10.96
附：								
每亩用工数量	日	9.97	9.59	8.68	8.18	7.69	7.22	-6.11
每亩主产品出售数量	千克	190.50	186.20	213.20	225.30	253.40	252.13	-0.50
每亩主产品出售产值	元	259.24	241.44	299.60	348.46	414.40	450.91	8.81
商品率	%	53.00	55.90	64.50	67.50	70.80	74.27	
每亩成本外支出	元	4.68	2.76	1.87	1.42	1.30	1.09	-16.15

资料来源：2010全国农产品成本收益资料汇编。

附录二 2010～2015年中国三种粮食平均成本收益情况

项目	单位	2010年	2011年	2012年	2013年	2014年	2015年	2015年比2014年增长或减少（%）
每亩								
主产品产量	千克	423.50	441.95	451.35	444.67	470.93	467.41	-0.75
产值合计	元	899.84	1041.92	1 104.82	1 099.13	1193.35	1 109.59	-7.02
主产品产值	元	879.05	1 020.19	1 081.97	1 077.29	1 171.46	1 086.99	-7.21
副产品产值	元	20.79	21.73	22.85	21.84	21.89	22.60	3.24
总成本	元	672.67	791.16	936.42	1 026.19	1 068.57	1 090.04	2.01
生产成本	元	539.39	641.41	770.23	844.83	864.63	872.28	0.88
物质与服务费用	元	312.49	358.36	398.28	415.12	417.88	425.07	1.72
人工成本	元	226.90	283.05	371.95	429.71	446.75	447.21	0.10
家庭用工折价	元	206.27	259.48	342.33	397.32	414.18	415.74	0.38
雇工费用	元	20.63	23.57	29.62	32.39	32.57	31.47	-3.38
土地成本	元	133.28	149.75	166.19	181.36	203.94	217.76	6.78
流转地租金	元	15.37	17.75	21.81	26.28	32.46	36.41	12.17
自营地折租	元	117.91	132.00	144.38	155.08	171.48	181.35	5.76
净利润	元	227.17	250.76	168.40	72.94	124.78	19.55	-84.33
现金成本	元	348.49	399.68	449.71	473.79	482.91	492.95	2.08
现金收益	元	551.35	642.24	655.11	625.34	710.44	616.64	-13.20
成本利润率	%	33.77	31.70	17.98	7.11	11.68	1.79	
每50千克主产品								
平均出售价格	元	103.78	115.42	119.86	121.13	124.38	116.28	-6.51
总成本	元	77.58	87.64	101.59	113.09	111.37	114.23	2.57
生产成本	元	62.21	71.05	83.56	93.10	90.12	91.41	1.43
净利润	元	26.20	27.78	18.27	8.04	13.01	2.05	-84.24
现金成本	元	40.19	44.28	48.79	52.21	50.33	51.66	2.64
现金收益	元	63.59	71.14	71.07	68.92	74.05	64.62	-12.73
附：								
每亩用工数量	日	6.93	6.79	6.43	6.17	5.87	5.61	-4.43
每亩主产品已出售数量	千克	256.19	270.15	279.72	287.32	344.17	346.51	0.68
每亩主产品已出售产值	元	524.51	614.65	657.01	685.72	849.68	800.61	-5.78
商品率	%	77.94	80.86	85.14	86.10	89.08	90.04	
每亩成本外支出	元	1.12	1.11	0.89	0.83	0.70	0.63	-10.00

资料来源：2016全国农产品成本收益资料汇编。

附录三　世界及各国商品贸易出口总额

单位：百万美元

年份	法国	泰国	乌克兰	越南	印度	中国	阿根廷	俄罗斯	澳大利亚	美国	加拿大	世界
2000	301 026	68 963	14 573	14 447	42 378	249 203	26 341	103 093	63 878	781 918	276 641	6 361 604
2001	300 161	64 919	16 265	15 027	433 352	266 098	26 543	99 969	63 389	729 110	259 857	6 118 192
2002	314 776	68 108	17 957	16 704	50 353	325 596	25 650	106 716	65 036	693 103	252 407	6 409 408
2003	370 806	80 324	23 067	20 142	58 964	438 228	29 566	133 656	71 551	724 771	272 699	7 459 830
2004	429 314	96 248	32 666	25 984	76 647	593 326	34 576	181 663	86 420	818 520	304 623	9 074 772
2005	448 393	110 178	34 228	31 726	99 618	761 953	40 351	241 473	105 833	907 158	35 941	10 342 399
2006	495 359	130 795	38 368	39 606	121 812	969 380	46 568	301 244	123 316	1 038 270	389 513	11 956 689
2007	557 432	153 092	49 296	48 313	150 160	1 217 815	55 779	351 930	141 122	1 162 980	416 432	13 781 417
2008	608 942	175 897	66 967	62 685	194 816	1 428 660	70 558	467 581	187 150	1 287 440	456 419	15 946 271
2009	476 098	151 910	39 696	57 096	164 912	1 201 790	56 065	301 656	153 966	1 056 040	314 002	12 377 277
2010	510 955	193 366	51 405	71 658	222 694	1 578 275	64 722	397 668	212 337	1 278 490	387 481	15 116 497
2011	585 319	220 221	68 394	94 518	305 089	1 899 180	84 269	516 481	271 733	1 408 290	452 132	18 063 238
2012	558 558	227 752	68 831	115 458	296 454	2 048 940	75 219	525 383	256 675	1 545 710	454 834	18 096 903
2013	568 559	224 863	63 321	132 478	313 376	2 210 250	83 026	527 266	252 981	1 579 050	458 397	18 479 114

资料来源：世界贸易组织数据库，http：//statistics. amis-outlock. org/data/index. html。

附录四　世界及各国粮食年产量

单位：百万吨

年份	世界	阿根廷	澳大利亚	巴西	加拿大	中国	印度	乌克兰	美国	越南	日本	俄罗斯
2000	872. 94	21. 68	11. 24	33. 65	24. 21	117. 78	31. 09	13. 77	273. 33	2. 00	0. 24	29. 34
2001	918. 12	19. 58	12. 94	43. 57	22. 73	125. 12	33. 38	17. 29	262. 22	2. 16	0. 23	35. 87
2002	877. 88	18. 72	7. 70	37. 32	20. 08	133. 79	26. 08	17. 49	243. 84	2. 51	0. 24	33. 72
2003	936. 01	19. 15	15. 07	50. 96	26. 55	126. 51	37. 71	16. 04	275. 37	3. 13	0. 22	30. 98
2004	1 031. 53	18. 68	12. 11	44. 85	26. 74	140. 43	33. 55	23. 42	319. 78	3. 43	0. 22	30. 12
2005	999. 42	24. 48	14. 35	37. 72	25. 17	150. 43	34. 05	18. 70	299. 08	3. 78	0. 21	28. 09
2006	985. 34	18. 34	7. 54	44. 98	23. 28	162. 81	33. 80	19. 88	280. 29	3. 85	0. 20	30. 95
2007	1 076. 00	26. 62	10. 68	53. 85	28. 00	163. 55	40. 88	15. 11	350. 90	4. 30	0. 22	30. 18
2008	1 142. 25	27. 01	13. 76	61. 63	27. 38	175. 85	39. 54	26. 91	326. 26	4. 57	0. 24	41. 81
2009	1 120. 01	16. 19	12. 70	53. 66	22. 67	172. 79	33. 89	24. 59	349. 04	4. 43	0. 20	32. 92
2010	1 129. 38	30. 02	11. 37	58. 32	22. 74	186. 60	43. 37	21. 02	330. 56	4. 60	0. 18	19. 17
2011	1 162. 00	32. 84	12. 11	58. 97	23. 01	201. 39	42. 06	33. 43	322. 77	4. 83	0. 20	34. 41
2012	1 150. 47	31. 19	11. 51	74. 10	24. 55	214. 69	39. 91	29. 98	285. 62	4. 80	0. 20	29. 96
2013	1 313. 84	40. 94	13. 35	83. 53	28. 84	227. 96	43. 21	40. 47	367. 41	5. 19	0. 21	37. 32
2014	1 340. 81	40. 03	11. 72	82. 89	22. 08	225. 26	43. 08	39. 66	377. 55	5. 19	0. 19	42. 36
2015	1 308. 07	42. 45	13. 25	88. 15	25. 74	234. 10	38. 70	33. 36	367. 32	5. 28	0. 20	39. 53
2016	1 347. 54	47. 00	17. 78	65. 79	25. 89	229. 25	43. 89	39. 38	402. 92	5. 22	0. 19	43. 35
2017	1 371. 13	55. 60	10. 72	102. 32	26. 02	222. 64	43. 22	35. 66	383. 68	5. 16	0. 20	43. 98

资料来源：AMIS 数据库，http：//statistics. amis-outlook. org/data/index. html。

附录五　世界及各国农业劳动力人数

单位：千人

年份	世界	阿根廷	澳大利亚	巴西	加拿大	中国	法国	乌克兰	美国	越南
2000	1 040 725	92	449	13 568	499	35 8421	1 021	5 922	3 544	27 144
2001	1 047 642	104	434	15 526	428	355 552	1 022	5 906	3 270	27 136
2002	1 045 846	129	406	15 799	437	351 257	1 048	5 821	3 380	27 072
2003	1 044 834	193	367	16 041	449	339 365	1 111	5 661	2 334	26 466
2004	1 036 164	167	356	16 961	439	330 330	986	5 868	2 220	26 239
2005	1 028 060	174	348	17 287	446	317 178	955	6 021	2 259	25 612
2006	1 012 684	133	348	16 576	452	303 396	984	5 799	2 155	24 810
2007	1 004 476	150	349	15 979	430	290 647	913	5 662	2 026	24 930
2008	994 625	202	358	15 712	419	277 667	835	5 577	2 167	25 252
2009	990 537	203	363	15 566	393	270 777	785	4 230	2 115	25 220
2010	977 813	223	370	14 916	382	259 117	788	4 291	2 246	25 202
2011	956 512	208	331	14 701	381	249 187	791	4 284	2 244	25 240
2012	951 889	535	339	13 861	389	242 809	792	4 153	2 263	25 104
2013	956 017	111	325	13 719	390	237 309	846	4 201	2 257	25 199
2014	948 498	372	325	14 338	386	230 426	756	3 018	2 262	25 292
2015	952 049	378	327	14 615	391	224 458	748	3 103	2 265	24 281
2016	949 607	376	328	14 557	392	216 555	743	3 221	2 261	23 910
2017	948 701	380	327	14 455	393	209 864	738	3 157	2 250	23 588

数据来源：国际劳工组织数据库，http：//www. ilo. org/global/statistics-and-databases/lang--en/index. htm。

附录六　1978～2016年中国粮食生产回归数据

年份	产量 （万吨）	土地 （千公顷）	投资 （亿元）	劳动力 （亿人）	机械动力 （亿千瓦）
1978	30 476. 50	120 587. 20	17. 95	30 638. 00	1 175. 00
1979	33 211. 50	119 262. 70	22. 44	31 025. 00	1 337. 90
1980	32 055. 50	117 234. 27	24. 96	31 836. 00	1 474. 60
1981	32 502. 00	114 957. 67	265. 62	32 672. 00	1 568. 00
1982	35 450. 00	113 462. 40	345. 89	33 867. 00	1 661. 40
1983	38 727. 50	114 047. 20	429. 54	34 690. 00	1 802. 20
1984	40 730. 50	112 883. 93	570. 58	35 968. 00	1 949. 70
1985	37 910. 80	108 845. 13	496. 32	37 065. 00	2 091. 30
1986	39 151. 20	110 932. 60	592. 52	37 990. 00	2 295. 00
1987	40 297. 70	111 267. 80	716. 28	39 000. 00	2 483. 60
1988	39 408. 10	110 122. 60	889. 04	40 067. 00	2 657. 50
1989	40 754. 90	112 204. 67	913. 15	40 939. 00	2 806. 70
1990	44 624. 30	113 465. 87	903. 04	47 708. 00	2 870. 80
1991	43 529. 30	112 313. 60	1 077. 40	48 026. 00	2 938. 90
1992	44 265. 80	110 559. 70	1 049. 03	48 291. 00	3 030. 80
1993	45 648. 80	110 508. 70	1 183. 95	48 546. 00	3 181. 70
1994	44 510. 10	109 543. 70	1 576. 01	48 802. 00	3 380. 30
1995	46 661. 80	110 060. 40	2 084. 44	49 025. 00	3 611. 80
1996	50 453. 50	112 547. 92	2 603. 77	49 028. 00	3 854. 70
1997	49 417. 10	112 912. 10	2 766. 55	49 039. 00	4 201. 60
1998	51 229. 53	113 787. 40	2 782. 95	49 021. 00	4 520. 80
1999	50 838. 58	113 160. 98	2 894. 19	48 982. 00	4 899. 60
2000	46 217. 52	108 462. 54	3 009. 85	48 934. 00	5 257. 40
2001	45 263. 67	106 080. 03	3 074. 70	48 674. 00	5 517. 20
2002	45 705. 75	103 890. 83	3 226. 97	48 121. 00	5 793. 00
2003	43 069. 53	99 410. 37	3 310. 45	47 506. 00	6 038. 70
2004	46 946. 95	101 606. 03	3 533. 22	46 971. 00	6 402. 80
2005	48 402. 19	104 278. 38	4 158. 67	46 258. 00	6 839. 80

续表

年份	产量（万吨）	土地（千公顷）	投资（亿元）	劳动力（亿人）	机械动力（亿千瓦）
2006	49 804.23	104 957.70	4 704.11	44 368.00	7 252.20
2007	50 160.28	105 638.36	5 450.53	44 368.00	7 659.00
2008	52 870.92	106 792.65	6 408.62	43 461.00	8 219.00
2009	53 082.08	108 985.75	8 177.75	42 506.00	8 749.60
2010	54 647.71	109 876.09	8 845.21	41 418.00	9 278.00
2011	57 120.85	110 573.02	11 423.30	40 506.00	9 773.50
2012	58 957.97	111 204.59	13 038.12	39 602.00	10 255.90
2013	60 193.84	111 955.56	14 574.55	38 737.00	10 390.70
2014	60 702.61	112 722.58	16 144.51	37 943.00	10 805.70
2015	62 143.92	113 342.93	18 259.13	37 041.00	11 172.80
2016	61 623.90	113 034.48	20 197.50	41 428.00	114 400.00

资料来源：国家统计局网站，http：//www. stats. gov. cn/。

参考文献

[1] D. 盖尔·约翰逊：《经济发展中的农业、农村、农民问题》，商务印书馆2004年版，第24、150~170页。

[2] 埃斯特·博塞拉普：《农业增长的条件：人口压力下农业演变的经济系》，法律出版社2015年版，第1~5页。

[3] 白美清：《中国粮食储备改革与创新》，经济科学出版社2015年版，第44~45页。

[4] 曹宝明：《中国粮食流通市场化改革进程分析》，载于《江苏社会科学》2010年第4期，第23~30页。

[5] 曹暕、李华：《以色列农业》，中国农业出版社2014年版，第155~169、259~261、266~271、280~282页。

[6] 陈金玉、任碧云、寇淮等：《支持现代粮食产业发展的财税政策体系研究》，中国财政经济出版社2011年版，第238~247页。

[7] 陈明星：《基于粮食供应链的外资进入与中国粮食产业安全研究》，载于《中国流通经济》2011年第8期，第57~62页。

[8] 陈锡文：《中国农村制度变迁60年》，人民出版社2009年版，第261~277页。

[9] 陈锡文：《中国农业供给侧结构性改革研究》，清华大学出版社2017年版，第12~16页。

[10] 陈英：《马克思的资本流动理论与产业结构的变动规律》，载于《教训与研究》2014年第12期，第35~40页。

[11] 陈阵：《美国农业补贴政策研究》，经济科学出版社2013年版，第29~49页。

[12] 程承坪：《企业、制度与中国经济改革》，经济科学出版社2013年版，第161~189页。

[13] 程国强、罗必良、郭晓明：《"农业共营制"：我国农业经营体系的新突破》，载于《农村工作通讯》2014年第12期，第8~14页。

[14] 程志强：《农业产业化发展与农地流转制度创新的研究》，商务印书馆2012年版，第42~47页。

[15] 戴晓鹂：《农业规模化经营现存问题的实证分析和对策研究：以河南省为例》，载于《河南工业大学学报》（社会科学版）2008年第1期，第4~8页。

[16] 戴孝悌：《新世纪以来我国农业产业发展理论研究述评》，载于《黑龙江农业科学》2011年第12期，第128~132页。

[17] 道格拉斯·C. 诺斯著，杭行译：《制度、制度变迁与经济绩效》，格致出版社2008年版。

[18] 丁士军、世俊宏：《美国农业》，中国农业出版社2012年版，第209~234页。

[19] 丁杨：《论中国粮食安全的法律保障》，载于《社科纵横》2010年第1期，第55~58页。

[20] 杜国明、于明霞：《农产品质量安全责任立法的理念及模式》，载于《广东农业科学》2009年第10期，第242~244页。

[21] 杜靖：《产业发展理论探析》，载于《山西财经大学学报》2009年第S2期，第59~60页。

[22] 杜为公：《西方农业经济系理论与方法的新进展》，中国人民大学出版社2016年版，第19~24页。

[23] 樊琦、祁华清：《我国粮食价格支持政策的市场化转型路径研究》，经济日报出版社2017年版，第138~147页。

[24] 方晓楠：《德国农业职业教育及其对我国的启示》，载于《新教育时代电子杂志》（教师版），2014年第14期。

[25] 费孝通：《江村经济》，商务印书馆2001年版，第140~154页。

[26] 速水佑次郎、神门善久著，沈金虎译：《农业经济论》，中国农业出版社2003年版，第202~240页。

[27] 冯志峰：《供给侧结构性改革的理论逻辑与实践路径》，载于《经济问题》2016年第2期，第12~17页。

[28] 付信明：《我国粮食出口结构与国际竞争力的实证分析》，载于《国际贸易问题》2008年第12期，第16~21页。

[29] 顾尧臣：《世界粮食生产、流通和消费》，中国财政经济出版社2009年版，第441~455页。

[30] 郭国荣，李冀：《中国粮食区域流通形式的改革状况于发展趋势》，

载于《经济研究参考》1995 年第 12 期，第 17 ~ 29 页。

[31] 郭庆海：《粮食主产区建设与发展：基于一个粮食大省的视角》，中国农业出版社 2016 年版，第 58 ~ 65 页。

[32] 郭扬华：《美国农村、农业发展及启示——美国农业金融考察》，载于《中国农业银行武汉培训学院学报》2011 年第 1 期，第 51 ~ 55 页。

[33] 国家粮食局：《中国粮食发展报告》，中国社会出版社 2017 年版，第 15 ~ 17 页。

[34] 何安华、陈洁：《日本保障粮食供给的战略及政策措施》，载于《现代日本经济》2014 年第 5 期，第 62 ~ 74 页。

[35] 何敬、高磊：《融资租赁助推三农发展》，载于《中国金融》2013 年第 13 期，第 61 ~ 62 页。

[36] 贺雪峰：《地权的逻辑》，中国政法大学出版社 2010 年版，第 146 ~ 152 页。

[37] 侯继虎：《供给侧结构性改革下的中外粮食经营模式比较研究》，载于《粮食问题研究》2017 年第 2 期，第 31 ~ 36 期。

[38] 胡泊：《培育新型农业经营主体的现实困扰与对策措施》，载于《中州学刊》2015 年第 3 期，第 45 ~ 48 页。

[39] 胡瑞法、李立秋：《农业技术推广的国际比较》，载于《科技导报》2004 年第 1 期，第 26 ~ 29 页。

[40] 胡拥军：《刘易斯拐点、农户劳动配置与农业生产方式转：基于中国粮食生产机械化的视角》，经济管理出版社 2014 年版，第 61 ~ 67 页。

[41] 黄季焜：《制度变迁和可持续发展：30 年中国农业与农村》，上海人民出版社 2008 年版 ，第 86 ~ 120 页。

[42] 黄季焜、郜亮亮、冀县卿、罗斯高：《中国的农地流转、农地制度和农地投资》，上海人民出版社 2012 年版，第 183 ~ 207 页。

[43] 黄可权、张启文：《新型农业经营主体贷款利率定价机制研究》，载于《价格理论与实践》2015 年第 11 期，第 103 ~ 105 页。

[44] 黄宗智：《“家庭农场”是中国农业的发展出路吗?》，载于《开放时代》2014 年第 2 期。

[45] 黄祖辉、胡剑锋：《国外农业行业协会的发展、组织制度及其启示》，载于《农业经济问题》2002 年第 10 期，第 60 ~ 63 页。

[46] 黄祖辉、胡剑锋：《建立我国农业行业协会的思路与方案研究》，载于《浙江学刊》2004 年第 1 期，第 192 ~ 195 页。

[47] 纪漫云：《农业行业协会需要制度创新》，载于《江苏农村经济》2005 年第 10 期，第 26 ~ 27 页。

[48] 江虹：《发展中国家粮食主权的思考》，载于《理论与改革》2014 年第 5 期，第 69 ~ 72 页。

[49] 蒋和平：《粮食主产区利益补偿机制研究》，经济科学出版社 2015 年版，第 78 ~ 81 页。

[50] 焦必方：《日本现代农村建设研究》，复旦大学出版社 2009 年版，第 158 ~ 195 页。

[51] 金攀：《法国农业机械化的发展与启示》，载于《当代农机》2013 年第 5 期，第 55 ~ 56 页。

[52] 金鑫：《对萨伊定律的解读》，载于《中央财经大学学报》，2016 年第 5 期，第 90 ~ 96 页。

[53] 剧义文、李恒：《粮食主产区建设与区域经济协调发展》，社会科学文献出版社 2013 年版，第 80 ~ 95 页。

[54] 孔凡真：《美国确保国家粮食安全的有效机制》，载于《粮食加工》2006 年第 5 期，第 8 ~ 9 页。

[55] 孔祥智：《新型农业经营主体中合作社的角色定位》，载于《中国农民合作社》2013 年第 11 期，第 29 页。

[56] 莱斯特·布朗著，王文彬译：《谁来养活中国》，载于《农机》1995 年第 6 期，第 7 ~ 8 页。

[57] 雷淑伶：《中国粮食生产技术效率和技术进步分析》，内蒙古大学硕士学位论文，2010 年，第 20 ~ 22 页。

[58] 李长风：《粮食经济四百题》，中国商业出版社 1991 年版，第 2 ~ 4 页。

[59] 李汉卿：《自主与参政：日本农业合作组织发展研究（1900 - 1975)》，法律出版社 2012 年版，第 191 ~ 210 页。

[60] 李利英：《粮食经济问题》，中国农业出版社 2015 年版，第 261 ~ 264 页。

[61] 李琳凤：2013.《我国粮食产业安全问题研究》，北京交通大学博士学位论文，2013 年，第 21 ~ 22 页。

[62] 李孟刚：《产业安全理论研究》，载于《管理现代化》，2006 年第 3 期，第 49 ~ 52 页。

[63] 李婷：《德国农业》，中国农业出版社 2014 年版，第 281 ~ 312、

303～305页。

[64] 李先德：《法国农业》，中国农业出版社2014年版，第50～53、381、384页。

[65] 李先德、孙致陆：《法国农业合作社发展及其对中国的启示》，载于《农业经济与管理》2014年第2期，第32～40页。

[66] 李显刚：《现代农机专业合作社是创新农业经营主体的成功探索》，载于《农业经济问题》2013年第21期，第20～23页。

[67] 李晓俐、陈阳：《以色列创新资源节约型现代农业模式对中国农业的启示》，载于《经济研究导刊》2015年第19期，第33～34页。

[68] 李艳：《以色列的农业科研、推广体系及对中国的启示》，载于《科学与社会》2000年第4期，第19～22页。

[69] 李燕琼：《日本政府推进农业规模化经营的效果及对我国的启示》，载于《农业技术经济》2004年第5期，第71～75页。

[70] 李志起：《大农业模式》，中国农业出版社2013年版，第25～28页。

[71] 李周、任常青：《农地改革、农民权益与集体经济：中国农业发展的三大问题》，中国社会科学出版社2015年版，第23～40页。

[72] 联合国粮食及农业组织：《亚太区域粮食和农业发展指标选辑(1996－2006)》，中国农业出版社2009年版，第31～36页。

[73] 梁世夫：《粮食安全背景下直接补贴政策的改进问题》，载于《农业经济问题》2005年第4期，第4～8页。

[74] 林毅夫：《制度、技术与中国农业发展》，格致出版社2014年版，第25～60页。

[75] 林毅夫、蔡昉、李周：《中国的奇迹：发展战略与经济改革》，格致出版社2014年版，第169～170页。

[76] 刘承韪：《产权与政治：中国农村土地制度变迁研究》，法律出版社2012年版，第45～65页。

[77] 刘春香：《中国农业国际竞争力研究》，浙江大学硕士学位论文，2005年，第34～35页。

[78] 刘从敏、张祖荣、李丹：《农业保险财政补贴动因与补贴模式的创新》，载于《甘肃社会科学》2016年第1期，第94～98页。

[79] 刘淑梅：《中国农业竞争力评价与提升对策研究》，吉林大学硕士学位论文，2013年，第53～54页。

[80] 刘颖：《国有粮食企业产权制度改革探讨》，载于《农业经济问题》

2007 年第 9 期，第 90 ~ 92 页。

[81] 刘颖：《新时期我国粮食储备政策与调控体系研究》，人民出版社 2016 年版，第 65 ~ 70 页。

[82] 刘振伟：《对我国农业立法工作的几点思考》，载于《农业经济问题》2014 年第 12 期，第 4 ~ 17 页。

[83] 楼栋、孔祥智：《新型农业经营主体的多维发展形势和现实观照》，载于《改革》2013 年第 2 期，第 65 ~ 77 页。

[84] 卢锋：《周期改革现象：我国粮棉流通改革和食物安全研究》，北京大学出版社 2004 年版，第 35 ~ 37 页。

[85] 陆丽芳、杨鹏程：《农民工社会保障问题探析》，载于《审计与经济研究》2003 年第 6 期，第 52 ~ 54 页。

[86] 吕新业、冀县卿：《关于中国粮食安全问题的再思考》，载于《农业经济问题》2013 年第 9 期，第 17 ~ 26 页。

[87] 罗必良：《崇州"农业共营制"试验》，载于《决策》2014 年第 9 期，第 60 ~ 61 页。

[88] 罗必良：《农业供给侧结构性改革的关键、难点与方向》，载于《农村经济》2017 年第 1 期，第 1 ~ 10 页。

[89] 罗必良：《现代农业发展理论——逻辑线索与创新路径》，中国农业出版社 2009 年版，第 214 ~ 222 页。

[90] 罗必良：《中国农业经营制度——理论框架、逻辑变迁与案例解读》，中国农业出版社 2014 年版，第 55 ~ 66 页。

[91] 罗纳德·H. 科斯著，刘守英译：《财产权利与制度变迁：产权学派与新制度学派译文集》，上海人民出版社 2014 年版，第 83 ~ 100 页。

[92] 罗守全：《中国粮食流通政策问题研究》，首都经济贸易大学博士学位论文，2005 年，第 6 ~ 9 页。

[93] 谢勇、徐倩：《马尔萨斯人口理论在中国》，载于《人口与社会》2003 年第 3 期，第 22 ~ 25 页。

[94] 马克·B. 陶格著，刘健、李军译：《世界历史上的农业》，商务印书馆 2014 年版。

[95] 马培衢：《农业基础设施投入的粮食增产效应研究——以河南省为例》，载于《河南科学》2011 年第 8 期，第 981 ~ 986 页。

[96] 毛世平、曹志伟、刘瀛弢等：《中国农业科研机构科技投入问题研究——兼论国家级农业科研机构科技投入》，载于《农业经济问题》2013 年

第 1 期，第 49 ~56 期。

［97］毛学峰：《中国粮食经济研究》，中国农业出版社 2016 年版，第 109 页。

［98］苗晓丹：《德国农业教育体系概况》，载于《中国职业技术教育》2015 年第 10 期，第 30 ~33 页。

［99］苗晓丹、刘立新、刘杰：《德国农业职业教育体系及其主要特点》，载于《中国农村经济》2015 年第 6 期，第 85 ~95 页。

［100］苗晓丹：《德国农业职教什么样?》，《光明日报》2015 年 3 月 24 日。

［101］聂振邦：《中国粮食流通体制改革 30 年（1978 –2008）》，经济管理出版社 2009 年版，第 1 ~21 页。

［102］农业部软科学委员会办公室：《农村基本经营制度与农业法制建设》，中国财政经济出版社 2010 年版，第 77 ~83 页。

［103］欧璇、侯杰：《国外粮食安全指标分析与对策研究》，载于《世界农业》2010 年第 8 期，第 7 ~9 页。

［104］彭敬东、汪金敖：《夯实农业基础设施推进现代农业建设》，载于《农业现代化研究》2009 年第 1 期，第 38 ~42 页。

［105］朴振焕：《韩国新村运动——20 世纪 70 年代韩国农村现代化之路》，中国农业出版社 2005 年版，第 21 页。

［106］普雁翔：《粮食安全的公共属性及其政策含义》，载于《农村经济》2012 年第 6 期，第 14 ~17 页。

［107］齐涛：《中国玉米国际竞争力》，西北农林科技大学硕士学位论文，2011 年，第 85 ~91 页。

［108］乔娟：《中国大豆国际竞争力研究》，中国农业科学院博士学位论文，2004 年，第 2 ~4 页。

［109］任泽平：《推进农业供给侧结构性改革关注六大主题》，新浪财经，http：//finance. sina. com. cn/china/gncj/2017 – 02 – 06/doc – ifyafcyx7089341. shtml。

［110］申龙均：《农业产业化主体组织：韩国农业协同组合论》，浙江大学出版社 2016 年版，第 155 页。

［111］舒尔茨著，梁小民译：《改造传统农业》，商务印书馆 1999 年版，第 33 页。

［112］宋秉斌：《WTO 框架下我国农业立法的完善》，载于《农林经济

管理学报》2010 年第 1 期，第 135 ~ 140 页。

[113] 宋敏：《日本环境友好型农业研究》，中国农业出版社 2010 年版，第 27 ~ 31 页。

[114] 速水佑次郎、弗农·拉坦：《农业发展：国际前景》，商务印书馆 2014 年版，第 16 ~ 27、310 页。

[115] 宿桂红、常春水：《我国粮食主产区生产现状分析》，载于《新疆农垦经济》2011 年第 11 期，第 6 ~ 9 页。

[116] 万举：《国家粮食安全与农地权利制度创新研究》，中国社会科学出版社 2015 年版，第 57 页。

[117] 汪飞杰、张应禄、刘振虎：《我国农业科研投入现状及政策建议》，载于《农业科技管理》2006 年第 4 期，第 55 ~ 56 页。

[118] 王国华、徐亮：《我国农业职业教育发展现状与对策思考》，载于《农业网络信息》2012 年第 11 期，第 124 ~ 125 页。

[119] 王玲、王燕：《美国的粮食政策及对我国粮食流通体制改革的启示》，载于《财政研究》2000 年第 7 期，第 74 ~ 78 页。

[120] 王敏：《美国农业信贷制度及其经验启示》，载于《理论月刊》2010 年第 5 期，第 182 ~ 183 页。

[121] 王善高、田旭：《中国粮食生产成本上升原因探究——基于稻谷、小麦、玉米的实证分析》，载于《农业现代化研究》2017 年第 4 期，第 571 ~ 580 页。

[122] 王晟、符大海：《美国粮食生产与流通的实践与启示》，载于《贵州财经大学学报》2004 年第 2 期，第 84 ~ 82 页。

[123] 王士海：《中国粮食价格调控的政策体系及其效应研究》，中国农业科学技术出版社 2010 年版，第 41 页。

[124] 王淑艳：《我国粮食价格波动因素分析与预测研究》，东北农业大学博士学位论文，2013 年，第 55 ~ 61 页。

[125] 王双正：《粮食流通体制改革 30 年：回顾与反思》，载于《财贸经济》2008 年第 11 期，第 111 ~ 124 页。

[126] 王耀鹏：《中国粮食流通财税金融支持政策研究》，经济管理出版社 2012 年版，第 214 ~ 227 页。

[127] 王有强、董红：《国外农业立法的启示和借鉴》，载于《西北农林科技大学学报》（社会科学版）2003 年第 3 期，第 17 ~ 20 页。

[128] 魏后凯、催红志：《稳定和完善农村基本经营制度研究》，中国社

会科学出版社 2016 年版，第 9~13 页。

[129] 温铁军：《中国农村基本经济经济制度研究——“三农”问题的世纪反思》，中国经济出版社 2000 年版，第 97~99 页。

[130] 吴晨映：《萨伊定律的发展与供给决定理论再思考》，载于《中国集体经济》2011 年第 12 期，第 87~88 期。

[131] 吴海峰：《澳大利亚农业发展的现状、特色、经验和启示》，载于《经济研究参考》2004 年第 54 期，第 14~23 页。

[132] 吴建寨、李志强、王东杰：《中国粮食生产政策体系现状及完善建议》，载于《农业展望》2013 年第 2 期，第 33~37 页。

[133] 吴敬琏：《供给侧结构性改革》，中国文史出版社 2016 年版，第 78~86 页。

[134] 吴敬琏：《中国经济增长模式选择》，上海远东出版社 2008 年版，第 32~34 页。

[135] 吴清华、冯中朝、何红英：《农村基础设施建设对农业生产率的影响：基于要素投入的视角》，载于《系统工程理论与实践》2015 年第 12 期，第 3164~3170 页。

[136] 吴天锡、陈俊生、唐继权：《积极发展农协组织率先建设现代农业》，载于《上海农村经济》2004 年第 3 期，第 28~30 页。

[137] 吴向辉、何难：《农业部首次公布化肥、农药利用率数据》，载于《农化市场十日讯》，2016 年第 3 期，第 7 页。

[138] 武力：《1949~1978 年中国“剪刀差”差额辨正》，载于《中国经济史研究》，2001 年第 4 期，第 3~12 页。

[139] 西奥多·W. 舒尔茨，梁小民译：《改造传统农业》，商务印书馆 2016 年版，第 83 页。

[140] 西奥多·W. 舒尔茨：《经济增长与农业》，中国人民大学出版社 2015 年版，第 4~11 页。

[141] 肖春阳：《中外粮食、粮食安全概念比较》，载于《黑龙江粮食》2009 年第 2 期，第 40~43 页。

[142] 熊万胜：《体系：对我国粮食市场秩序的结构性解释》，中国政法大学出版社 2013 年版，第 135~149 页。

[143] 薛莉、程漱兰、任爱荣、张慧东：《台湾农业经营模式研究》，中国农业科学技术出版社 2012 年版，第 193~198 页。

[144] 薛宇封：《中国粮食生产区域分化的现状和问题——基于农业生

产多样化理论的实证研究》，载于《管理世界》2008 年第 3 期，第 173～174 页。

[145] 亚当·斯密著，唐目松等译：《国富论》，商务印书馆 1979 年版，第 94 页。

[146] 杨茂蟑、肖春阳：《中外粮食概念比较》，载于《中国粮食经济》1997 年第 10 期，第 12～16 页。

[147] 杨迎亚、翟书斌：《粮食产业链整合优化模式研究》，载于《粮食科技与经济》2014 年第 39（6）期，第 28～30 页。

[148] 姚凤桐：《美国的粮食》，中国农业出版社 2014 年版，第 25～57 页。

[149] 姚惠源：《国内外粮食加工产业的现况和发展趋势》，载于《粮食加工》2017 年第 3 期，第 1～4 页。

[150] 姚惠源：《中国粮食加工科技与产业的发展现状与趋势》，载于《中国农业科学》2015 年第 17 期，第 3541～3546 页。

[151] 姚洋：《土地、制度和农业发展》，北京大学出版社 2004 年版，第 305～327 页。

[152] 于爱芝、孙道玮：《澳大利亚农业》，中国农业出版社 2016 年版，第 27、85、242 页。

[153] 于浩淼：《中国粮食生产与贸易现状及政策》，载于《生产力研究》2010 年第 3 期，第 17～18 页。

[154] 余莹：《西方粮食战略与我国粮食安全保障机制研究》，中国社会科学出版社 2014 年版，第 220～234 页。

[155] 岳海龙：《论新农村建设中的农业立法完善》，载于《湖北经济学院学报》（人文社会科学版）2007 年第 9 期，第 103～104 页。

[156] 翟书斌、蔺长平：《国外粮食流通产业体系研究及对中国的启示》，载于《粮食安全》2013 年第 6 期，第 8～10 页。

[157] 翟炎杰：《我国职业农民培养的现实困境和路径选择》，载于《高等农业教育》2015 年第 8 期，第 52～53 页。

[158] 张传超，左合余：《以色列农业现代化及对中国农业发展的启示》，载于《黑龙江科技信息》2013 年第 19 期，第 275 页。

[159] 张团因、郭洪渊：《美国农业保险制度演进研究》，中国社会科学出版社 2013 年版，第 78～80 页。

[160] 张良悦：《农地发展的目标性、制度变迁的规范性与农地流转的

工具性——对经济新常态下农地流转与现代农业发展的认识》，载于《河北经贸大学学报》2016 年第 2 期，第 91 ~ 98 页。

[161] 张宁:《上海合作组织农业合作与中国粮食安全》，社会科学文献出版社 2015 年版，第 233 ~ 250 页。

[162] 张培刚:《农业与工业化》，中国人民大学出版社 2014 年版，第 177 ~ 183 页。

[163] 张晓山:《大力培育新型农业经营主体》，载于《农民日报》2014 年 10 月 30 日。

[164] 张秀青:《美国农业保险实践及其与期货市场的对接》，载于《中国保险》2015 年第 7 期，第 60 ~ 64 页。

[165] 张玉周:《我国粮食生产可持续发展路径研究》，经济管理出版社 2014 年版，第 91 ~ 132 页。

[166] 张跃华、顾海英:《准公共品、外部性与农业保险的性质——对农业保险政策性补贴理论的探讨》，载于《中国软科学》2004 年第 9 期，第 10 ~ 15 页。

[167] 赵磊:《对供给学派的政治经济学分析》，载于《政治经济学评论》2016 年第 7 期，第 161 ~ 175 页。

[168] 赵美玲，王述英:《农业国际竞争力评价指标体系与评价模型研究》，载于《南开经济研究》2005 年第 6 期，第 39 ~ 44 页。

[169] 赵文先:《粮食安全与粮农增收目标的公共财政和农业政策性金融支持研究》，经济管理出版社 2010 年版，第 76 ~ 80 页。

[170] 赵艳、付宗平:《我国农业保险发展问题研究》，载于《经济纵横》2015 年第 12 期，第 64 ~ 67 页。

[171] 赵中钲，梁俊尚:《台湾实现农业规模化经营的经验及对大陆的启示》，载于《现代经济信息》2012 年第 17 期，第 221 ~ 223 页。

[172] 中国粮食经济学会:《中国粮食改革开放三十年》，中国财政经济出版社 2009 年版，第 459 页。

[173] 钟甫宁:《食品与农业经济研究：南京农业大学经济管理学院十五研究论文选集（2001—2005）》，经济管理出版社 2006 年版，第 1 ~ 10 页。

[174] 周慧秋:《粮食经济学》，科学出版社 2010 年版，第 115 ~ 130 页。

[175] 周其仁:《产权改革与制度变迁》，北京大学出版社 2004 年版，第 51 ~ 71 页。

［176］周淑景：《法国农业公共支持的变化趋向及其启示》，载于《农业经济问题》2009 年第 30（12）期，第 95～100 页。

［177］周章跃：《澳大利亚农业》，中国农业出版社 2013 年版，第 212～230 页。

［178］朱信凯、于亢亢：《未来谁来经营农业：中国现代农业经营主体研究》，中国人民大学出版社 2015 年版，第 55～65 页。

［179］邹凤羽：《粮食经济地理》，中国物资出版社 2011 年版，第 83～93 页。

［180］Barkley A，Barkley P W. Principles of Agricultural Economics. New York：Routledge，2013，388－390.

［181］Chavas J P，Hummals D，Wright BD. The Economics of Food Price Volatility. Chicago：The University of Chicago Press，2014，13－91.

［182］Dorfman J H. Economics and Management of the Food Industry New York：Routledge，2014，17－18.

［183］Drummond T. US Grain Production. Science：New Series，1975，187（4182）：1150－1151.

［184］Fan S，Zhang L，Zhang X. Reforms，Investment and Poverty in China. Economic Development and Cultural Change，2004，52（2）：395－421.

［185］Ge D，Long H，Ma L，et al. Analysis Framework of China's Grain Production System：A Spatial Resilience Perspective. Sustainability，2017，9（1）：2340.

［186］Hansen H O. Food Management：Industry and Management. New York：Routledge，2013，51－96

［187］Heady E O，Egbert A C. Programming Regional Adjustments in Grain Production to Eliminate Surpluses. Journal of Farm Economics，1959，41（4），718－733.

［188］Hyun S B. China Supply-side Structural Reforms for Sustainable Growth in the New Normal Era. KIEP Opinions：2018，1－4.

［189］Johnson D G. Economic Reforms in the People's Republic of China. Beijing Review，1988，9（2）：67071.

［190］Johnson D G. Does China Have a Grain Problem? China Economic Review，1994，5（1）：1－14.

［191］Johnson D G. Agricultural Adjustment in China：Problems and Prospects. Population and Development Review, 2000, 26 (2): 319 -334.

[192] Johnson D G. Can Agricultural Labor Adjustment Occur Primarily Through Creation of Rural Nonfarm Jobs in Chins? Urban Studies, 2003, 39 (12).

[193] Kumar, L M. Trends in Fertilizer Consumption and Foodgrain Production in India: A Co-integration Analysis. SDMIMD Journal of Management, 2017, 8 (2): 45 -50.

[194] Lin J Y. Rural Reforms and Agriculture Growth in China. American Economic Review, 1992, 82 (1): 34 -51.

[195] McIvor D W. Urban Agriculture and the Prospects for Deep Democracy. Agriculture and Human values, 2015, 32 (4), 727 -741.

[196] Norton W G, Masters A Williams. Economics of Agricultural development: third edition. New York: Routledge, 2015, 85 - 109.

[197] Patrick G F, Swanson E R. Components of Growth in Grain Production in the North Central States: 1207. North Central Journal of Agricultural Economics, 1979, 1 (2): 87 -96.

[198] Paul A. Samuelson. The Pure Theory of Public Expenditure. The Review of Economics and Statistics, 1954, Vol. 36 (4): 387 -389.

[199] Rozelle S, Veeck G, Huang J. The Impact of Environmental Degradation on Grain Production in China, 1975 - 1990. Economic Geography, 1997, 73 (1): 44 -66.

[200] Sharratt B S, Knight C W, Wooding F. Climatic Impact on Small Grain Production in the Subarctic Region of the United States. Arctic, 2003, 56 (3): 219 -226.

[201] Speckman G. A. Solution for Food Security and Food Sovereignty: Urban Agriculture Around the World. New York: Webster's Digital Services, 2013, 3 - 10.

[202] Stavis B. Market Reforms and Changes in Crop Productivity: Insights from China. Pacific Affairs, 1991, 64 (3): 373 -383.

[203] Sun Y, Sun R. Methods and Countermeasures for Urban Agricultural Supply-Side Structural Reform in the New Era. Agricultural Science & Technology, 2017, 18 (12): 2667 -2671.

[204] Thompson L M. Weather Variability, Climatic Change, and Grain

Production. Science: New Series, 1975, 188 (4188): 535 - 541.

[205] Thorbecke E. The Role of Agriculture in Economic Development [M]. New York: Columbia University Press, 1969, 277 - 303.

[206] Tiebout C M. A Pure theory of Local Expenditures. Journal of Political Economy, 1956, 64 (5): 416 - 424.

[207] Zhang B, Carter C A. Reforms, the Weather, and Productivity Growth in China's Grain Sector. American Journal of Agriculture Economics, 1997, 79 (4): 1266 - 1277.

后　记

2014 年 9 月，我从重庆来到武汉，开始了博士求学生涯。从英语跨专业到经济学，当时的我充满兴奋和期待。然而很快，就因为专业基础薄弱和研究方向定位不明确，陷入沮丧和迷茫中。有幸得到师长、同学、朋友、家人的帮助，四年学习终于有所收获，想对所有帮助过我的人，说一声谢谢！

感谢恩师程承坪教授。博士第一年，我兴趣点很多，浅尝辄止，程教授叮嘱我要专注，沉下心来做学术。后来在程教授指导下找到农业经济学和中国经济问题作为自己的研究兴趣，这使我的学术研究之路豁然开朗。在论文写作、开题、预答辩等过程中，程教授事无巨细悉心指导。犹记得在重庆回武汉准备开题的清晨的地铁上，收到程教授叮嘱的短信，心中无限温暖。博士学习后期遭遇一些家庭变故，程教授积极鼓励，并教导做事要有计划，言必信、行必果！恩师关于学习和生活的谆谆教诲，将使我受益终身。

感谢张秀生、邱力生、曾国安教授，带我领略经济学的博大精深和浓郁的生活气息。感谢张秀生教授和邱力生教授在博士论文开题时给我提出的诸多建议，感谢胡晶晶老师和李雪松在博士论文预答辩时提出的修改意见。

感谢重庆工商大学的马浪同学和重庆理工大学的杨阿丹同学替我做了很多资料搜集和整理的工作。

感谢我的妈妈，一直支持我的学习，并承担了很多家庭的重担。

学术之路漫漫，我定不忘初心，自强、弘毅、求是、拓新，执着前行。

邓国清

2018 年 5 月于花溪河畔